主编 沙金

# 日本足迹

上海交通大学出版社
SHANGHAI JIAO TONG UNIVERSITY PRESS

**图书在版编目（CIP）数据**

日本足迹 / 沙金主编.—上海：上海交通大学出版社，2023.6（2024.6重印）

ISBN 978-7-313-28612-3

Ⅰ.①日… Ⅱ.①沙… Ⅲ.①日本—概况 Ⅳ.①K931.3

中国国家版本馆CIP数据核字（2023）第070104号

**日本足迹**

RIBEN ZUJI

主　　编：沙　金

出版发行：上海交通大学出版社 　　　地　　址：上海市番禺路951号

邮政编码：200030 　　　　　　　　　电　　话：021-64071208

印　　制：苏州市古得堡数码印刷有限公司 　经　　销：全国新华书店

开　　本：880mm×1230mm　1/32 　　印　　张：6.25

字　　数：117千字

版　　次：2023年6月第1版 　　　　　印　　次：2024年6月第2次印刷

书　　号：ISBN 978-7-313-28612-3

定　　价：68.00元

# 序 一

随着鳞次栉比的高楼渐渐沉入地平线，视野中只剩下湛蓝的天空与广阔的公路。没有了水泥、噪声与电波的催促，我才能够将思维聚焦于内心。

繁忙的时代，忙碌的生活，一个又一个目标与任务。完成任务意味着成功，只要我足够专注足够努力，就可以不断从成功走向成功，完成一个又一个任务。干得越快，任务越多，成功越多。

我想找个晴天，坐在窗边，泡一壶茶，阅一卷书，在暖洋洋的日光下，看着胎菊在金黄的茶水中慢慢泡发舒展，直到眼皮发沉打个盹。但是不行，绝对不行，时间不等人，时代不等人，我必须从一个成功跨向下一个成功，停下

脚步就会被焦躁感所淹没。只有在驶离都市的车里，我才有闲暇思考。

我的愿望并不是忙里偷闲喝一杯茶。我想能够自由地支配自己的时间，而不受到某些没有主语的念头的苛责。我时常会像今天这样驾车在日本的山间、乡间、田间，慢悠悠也没有目的地旅行，停车的理由可能是一片田地中漂亮的大波斯菊，也可能是乡间广告牌上用本地牛奶制作的冰淇淋。而我最幸运的事，就是我太太在这种时候兴致比我还高，而且绝不会提起孩子大考临近该报哪个补习班。

20世纪80年代，号称日本经济增长的黄金时代，"经济动物（Economic animal）"曾是日本工薪族的专属词。"996""007"也曾是日本人赶欧超美意气风发时自认的福报，直到"过劳死"现象成为社会问题，辛苦积累的资产在泡沫经济破灭的瞬间化为推人走向天台的债务时，许多人才得以重新审视人生与所谓成功之间的关系。

在当今的日本，慢节奏生活哲学变得越来越流行。它是一种注重内心平静，在快节奏的生活中，放慢脚步，关注当下的生活方式，它强调的是精神上的满足和身心的健康。尤其在令和时代，慢节奏生活更加成为日本普遍的文化现象。人们享受美食、美景和文化活动，注重内心的平静与和谐。人们喜欢花时间品味美食，在古老的街道漫步感受历史，泡在温泉里与自然共处，享受时间的缓慢流动。这种缓慢节奏的生活方式，帮助他们缓解压力，舒缓心情，提高生活的幸福感。

　　在沙老师的这本日本杂记中，我们将体验这种慢节奏的生活方式。探索日本独特的文化和风景，品尝美食，体验日式的温泉文化，和当地人交流，以及享受与大自然和谐共处的感觉。这样的旅行不仅是一次文化之旅，更是一次心灵之旅。让我们来放慢脚步，在书中享受慢节奏生活，发现自己在繁忙的日常生活中可能会忽略的美好吧。

　　　　　　　　　　　日本国立滋贺大学数据科学系副教授

　　　　　　　　　　　川井明

　　　　　　　　　　　2023.3.7

# 序 二

Hi，很高兴这本书能够遇见你。它也许不是一本有着许多人生哲理的书，也不能教会你生活的技能，更不能带给你无尽的知识与财富……但它是一位很好的导游，带你走近每一位作者在日本的有趣生活。在这本书中，你会看到来自日本各大城市的游记与生活体验，也会看到一些日本文化背景下的有趣故事，相信你随便翻开几页都能够迅速感受到来自东瀛和风的魅力所在。

这本书很大的一个特色是真实，你会从这本书里看到很多作者真实的生活感受，而我也是这样真实且真诚的作者中的一位。

我是2014年来的日本，在这之前也有一段在日本生活的经历。我的父母都是1990年

代的留日学生，我在我母亲的肚子里跟着一起来到了日本。他们在日本学习、工作，于是我也在日本一直生活到幼儿园毕业。之后我们一家回到了杭州，在我高中毕业之后，我再次选择了来日本看一看。2014年的日本和我小时候离开的时候相比，并没有太多的不同。机场周围的景色仿佛只是回忆再现，有几栋新楼，更多的是带着昭和色彩的样子。在暖暖的秋日阳光里，我开启了我的留日生涯。

我的第一站在九州大学，我在福冈度过了4年的本科时光。我有26位来自全世界的同学，同专业的只有4个人，经常选修一些1对1的选修课。完全小班化国际化的教育氛围让我充分体验了大学科研的魅力。硕士选择京都大学进学，并前往筑波的国际环境研究所进行实习。也是这段实习经历坚定了我想要继续攻读博士、研究环境问题的决心。今年已经是我留学的第9年了，一路遇见了形形色色的人，看过许许多多的风景，每一段难忘的经历都好像天空中纷飞的花瓣与落叶，慢慢地落到这片异国他乡的土地上，铺成一条只属于我的成长之路。

非常感谢沙先生的邀请，让我将自己的几段经历写成文字记录下来，可以在以后慢慢回忆。也非常感谢制作小组的努力，能让我在这本书当中看到许多与我一样真诚的作者们的故事，并在看到他们的文字之后，有感动，有向往，有感叹，有思考。

请允许我再一次为这本书能够遇见你，而感到高兴。

我的序言完全不足以描述这本书中所介绍的日本文化的深度和多样性，我们更可以从真实的亲身经历中体会生活在异国他乡的心路历程。在如今这个全球化的时代，海外生活的经历不仅是个人成长的历程，更是国家、文化之间的交流与融合。我希望这些小故事能够激励更多的读者去探索和感受不同的文化。

希望你在读这本书的时候，嘴角能够微微扬起。

京都大学地球环境学堂博士

日本学术振兴会特别研究员

住京都的糖小姐

2023.3.8

于京都

# 目　录

# 北海道记忆

# 阿寒，我的北海道回忆

小飞鼠

终于想要静下心来写一篇有关阿寒的记忆。阿寒是北海道钏路的一个小镇，日语叫"阿寒町（あかんちょう）"。说起北海道，第一反应可能是札幌、函馆或是小樽，但对我来说，第一个冒出来的永远是那个温柔雪白的阿寒。

去阿寒纯属巧合。大三时报了学校与日本方合作的实习项目，被随机分到阿寒，便开启了三个月的在日搬砖生活，不曾想竟成为日后最美好的回忆之一。

抵达小镇的傍晚，漫天飞舞的鹅毛大雪使南方的小伙伴发出阵阵惊呼。

阿寒的著名景点是阿寒湖，冬天和夏天又是完全不一样的风景。夏天的阿寒湖波光粼粼，一片湛蓝，适合和鸟一起蹲在湖边发呆。

▲ 夏天的阿寒湖 vs 冬天的阿寒湖

而冬天的阿寒湖则被完全冰封，再加一层雪盖儿，就变得和路面没什么两样。可以玩的是冰上摩托和冰窟垂钓。冰窟垂钓比较有意思，三两个好友缩在帐篷里，把红色的虫一个个挂在鱼钩上，伸进巴掌大小的冰窟，哆哆嗦嗦咬牙切齿一阵。不一会儿便有几只小鱼上钩，等凑够了数，就可以拜托老板现炸现吃，看起来非常鲜美。

此外，阿寒湖旁边还有名字有趣的两座火山，坐落在阿寒湖两侧，叫雄阿寒岳（おあかんだけ）和雌阿寒岳（めあかんだけ）。可惜我当时没有上去。大雪覆盖的山还是远远观望好了。说到大自然，不得不提到阿寒随处可见的野生动物和绿球藻。运气好，就能偶遇野生狐狸、野生丹顶鹤和成群野鹿；若"作死"走进山林，运气不好就会遇到野熊，分分钟被袭击（有过这样的事件）。绿球藻在日语里叫マリモ，是阿寒湖的天然纪念物，小绿藻球在许多纪念商店有售，而大绿藻球就要到当地博物馆去参观了。下图是我在博物馆拍到的，第一次见这种圆形水藻，还特稀奇。

在阿寒还能随处见到猫头鹰图腾和雕像，这就要说起

北海道的阿伊努人（アイヌ）。阿伊努人是日本北方的原住民族，有着独立的语言和传统文化。虽然阿伊努族被同化的程度已然相当严重，但也有阿伊努人（名叫萱野茂）成为日本参议院议员，制定《阿伊努文化振兴法》来保护濒危的阿伊努语言和文化。

话题扯远了，回到猫头鹰图腾。猫头鹰被阿伊努人视为神物，因此，不管是雪雕、手工艺品还是烟灰桶，都能看到猫头鹰的影子，就连当地小学的门柱上都要雕刻一只。是不是很可爱？

手机里的相册翻了又翻，把喜欢的照片分享给大家。

▲ 当地的特色小店，喜欢木制手工艺品的小伙伴一定不要错过

▲ 随手拍下的阳光和雪

▲ 阿寒版稻荷神社，阶梯陡而滑，四肢并用好不容易爬上去

▲ 和小伙伴陪日本大叔
一起去宠物医院给他的猫
看病

见到的谜之冰制神社，小黑点都是大小不一的日本硬
币，我盯着一枚500日元不放，心想如何使坚冰融化把它
顺走。

之后往木盒里照例丢5日元，默念：ご縁がありますよ
うに。

▲ 大雪里的小别墅（一户建て）也超好看，没有工作的晴天要花一天时间散步拍房子

阿寒看似冷门，其实有相关电影作品和文学作品，分别是2008年冯小刚执导的《非诚勿扰》和渡边淳一写的《魂断阿寒》，感兴趣的朋友可以去看看，说不准马上就想来一场说走就走的旅行。

离开的时候恋恋不舍。在阿寒搬砖的三个月像做梦，暂且忘却了学习和一年后的毕业，下班后和一起去日本的小伙伴们嘻嘻哈哈去居酒屋吃芝士火锅和炸鸡，或是以员工价进卡拉OK吃吃喝喝，唱到深夜，仰望了万籁俱静一片漆黑中的"星屑"，拾了冬天太平洋海岸的贝壳，和日本友人组团借车去看摩周湖逛国立公园，吃当地寿司……

三个月一晃而过，成为永生的快乐回忆，翻照片时嘴角会不自觉上扬。

# 初雪中的北海道大学

白熊先生

初冬时节，北方下雪了，思绪又被拉回两年前的此时，在北海道，恰遇上初雪。去北海道大学那天，正巧迎来当年第一场雪，看着校园一点点裹上银装，感觉经历了两季。

北海道大学是北海道地方最高学府，创立于1876年，是旧帝国大学之一，也是历史最悠久的日本国立大学之一。于我来说，札幌之行自然不能少了这所名校。搭乘地铁南北线出站，步行不足十分钟就来到北海道大学。进入校门，走在大道上，满地银杏叶果把道路铺成金黄色。后来，每年秋天我总是很喜欢银杏遍地的光景，正是在札幌看到的美景给我留下了太深印象的缘故。彼时初雪飘落，金黄色的大道开始蒙上一层薄薄的白雪。

▲ 北海道大学的银杏大道

　　北海道大学的前身不愧是札幌农学院，硕大的校园，多种植被茂密。如果让我用颜色形容这所大学，那它一定是多变的。不仅银杏大道上满地金黄，枫叶染红枝干也在校园

中随处可见，大片的草坪和岸边的垂柳即使在冬季也是碧绿而有生机的。而当白雪落下，却都换上银装。

▼ 校园景象

夜幕降临，飘雪中宁静的校园，有种神秘之感。小路蜿蜒通往树林，不知林中是何模样。各式建筑尽显历史的厚重，让我对在此求学的学子心生羡慕。

▼ 林中小路蜿蜒

▲ 校园中各式建筑

　　尽管只是十一月份，但北海道是真冷。在飘雪中不停行走的双足早已冰凉，拿着手机拍照的手指也不听使唤了。终于路过一家两层楼的超市，点了杯热饮暖身，才从此前的静谧中找回了人间烟火。

▲ 从超市入手的书签

　　走出校门时雪下得更大了，天亮之后的校园一定会被厚厚的白雪覆盖。时间关系，此行无缘得见了。我在想，今后再来北海道，白雪皑皑的寒冬也好，百花盛开的春夏也好，一定要去看看白天的北海道大学，那会是不同的景象。

▼　北海道大学门外

# 探访小城故事——小樽之行

白熊先生

对于小樽的执念，源于《情书》。二十多年前这部由岩井俊二编导的电影，早已成为纯爱影片的经典之作。我本对舒缓平淡的文艺片并不太热衷，但静谧纯洁的北海道，雪地中仰望天空的豁然，以及那个光影中倚窗而立的少年，多年来总让我记忆犹新，这部影片好像一杯清淡的茶却久有回甘，故而小说和电影我已看过多遍。北海道之行的目的地总是不能少了小樽的，于是早上我便从札幌乘电车出发，带着纯爱剧情怀，来探访小城故事。

出行途中出现了一个小插曲，尽管事先做了攻略，路盲的我依然坐岔了车。换乘虽然耽搁些时间，却在站台等车时收获了意外的美景。这样的景象在赶路时也许不曾留意，但当抱着"既来之则安之"的心态，我发现自己已身处美景之中。后来当我翻看照片，恍然感到，无论旅程也好，人生也好，每一段经历都会在不经意中成为或多或少的收获。

▲ 札幌前往小樽的途中

从小樽站出来在飘雪中前行，沿路经过了北海道最早的铁路旧手宫线、已是纪念品店的旧安田银行小樽支行旧址，徒步一千米多，便来到这座小城最著名的打卡地——小樽运河。

▲ 旧手宫线

▲ 旧安田银行小樽支行旧址

　　说起小樽，也许在网络、书本中最常见的地点就是小樽运河了吧，在此驻足留影的游人着实不少。当我置身于此，发现运河比照片中的小很多，更没有想象的唯美，但拍照的确上镜，相信游客少的时候，这里一定是安宁祥和的。我常在网络中看到小樽运河夜景，点点灯光伫立于白雪之中，倒映于水面之上，或许夜晚的这里会更美，姑且给自己留个悬

念吧。

　　小樽运河虽不宽广，但正是这里，在一百多年前的明治时期，作为大型船只的港口，成为北海道的海上大门。运河的一侧曾是海运仓库，这排建筑群见证过"北方华尔街"的繁荣，也一度沉寂，如今被改建成欧式风格的商店和餐厅，有历史的沉淀，也有现实的价值。

▼ 小樽运河

　　小樽最有特色的店铺被认为是玻璃制品店，各种摆件、容器小巧精致，琳琅满目。商店街的美好景象并不只有大正哨子馆、童话十字路这些在攻略中常见的打卡点，还有沿街鳞次栉比的复古商铺，好像童话故事中的场景，各式八音盒中飘出的音乐悠扬美妙，暖黄色斑斑点点的灯光让人感到温馨，这些元素使得小城传统古朴而不失精美，别具一番特色。

▼ 小樽街景

　　小樽的商业街并不算长，却让我驻足许久，以至于大饱眼福后，天都快黑了。我随即打车前往船见坂——《情书》的著名取景地，在这个远离游人喧嚣之处，从山脚下沿

▲　船见坂

坡上行，坡道蜿蜒而绵长。当我气喘吁吁地行至高处，回头眺望，远方的海面隐约可见，心情也豁然开朗。拿着手机对照着影片中的场景截图，找到拍摄地点，感觉不虚此行。

▲ 船见坂，上图为实地照片，下图为电影《情书》截图

▲ 返程已是夜幕，摄于小樽站

　　时间关系，没能到天狗山去说一说"元気ですか？元気です"。（因为不好意思像藤井树那样"喊"，所以只敢偷偷"说"）这让我对再次造访小樽有了念想。

　　说起小樽这座城，它给我的感觉和电影一样，也许你会觉得它并不如想象中惊艳，但它的恬淡让人感到浪漫，它的宁静让人心情安定。小樽在不同时间、不同季节，有不同样子，有人说："良辰美景需要一点想象力，在冬天里想着夏天，夏天里幻想雪景，在旺季中怀念淡季，寂寞中回忆繁华，荒凉的沙漠里渴望都市，都市中向往乡村，是真实的人生。"也许，这正是我对此回味而念念不忘的原因，愿今后我仍有机会再来到这里。

住在京都的糖小姐

# 我的师兄田师兄——纪念一个在日博士毕业前的日常

住在京都的糖小姐

我有一个好师兄，他叫田师兄。他每天的出场是从一连串响亮且清脆的钥匙碰撞声开始的。田师兄的裤腰带上有一个老干部般巨大的钥匙扣，上面挂满了田师兄所有的钥匙：家门、办公室门、实验室门、摩托车、自行车……大大小小有快十把钥匙。田师兄的身型有些像小熊维尼，这个钥匙扣早已和田师兄融为一体，就像小熊维尼有一个快乐且重要的小尾巴一样。

田师兄的一天，在我眼里基本是这样：上午就在研究室最角落的桌子上开始一天的工作。实验一般会安排在下午，傍晚的时候是田师兄的休闲时间，B站是比较主要的治愈系良

药。然而这个时候看视频也是非常危险的，因为会碰上前来学生研究室查岗的"小老板"。"小老板"是个学术成就一般，但是对生活作风很在意的"龟毛"日本人，每次都会跟别的学生吐槽："田桑真的在好好搞研究吗？"

　　那 of course（当然）了，田桑当然在好好搞研究了。整个研究室的群体当中，论知识储备的广度和深度，田师兄说二没人敢说一。田师兄本科在河海的土木强化班，土木系400来号人，田师兄总排名前三。大三开始跟着土木院院长王媛老师做项目，之后因为决定出国而放弃了保研机会，选择去读河海和悉尼大学的双硕士。在悉尼的日子也不用说了，一路猛学，连悉尼歌剧院都是临近毕业才去的。田师兄本来应该留在悉尼读博的，但导师由于经费问题，只能推荐他来到京都大学胜见老师这里读博。胜见老师，不多说了，日本土木界尤其是"地盤工学"相当于国内的岩土工程、地下结构设计，是个因为学术成就而受到日本天皇接见的大牛老板。田师兄在京大也是非常之努力，会用实验室的所有仪器，广读网络上的各种文献，日日思考如何出好成果。

　　但日本的学术环境相对于世界上别的国家来说，确实是较为封闭。哪怕田师兄有着双硕士多领域的研究背景，也敌不过整个研究大环境的没落。田师兄原本想大展身手的课

▲ 研究室2023年3月的照片

题被老板调换成和公司的合作项目，实验室里原本就脏乱差的材料设备也被来自肯尼亚的"超龟毛"博后管得死死的，稍微不按他的要求来就能被说一整天。小老板在学术上提不出什么建设性的意见，大老板在疫情前天天到处出差，根本是个不落地的"神仙"，我这种"菜鸡"也不可能帮上什么忙，田师兄就在属于他的角落里，像一个波澜不惊的小熊维尼，稳稳地坐着。

但每当吃饭的时候，田师兄就会活跃地吐槽研究室里的各种不如意，喋喋不休，疯狂输出给他在日本的最重要的朋友圈。田师兄的朋友圈是在伸手范围内的，目前的主要构成是我、我老公（同校药学博士在读）、师姐。有的时候朋友圈能涵盖一下同研究室的另几位同期中国人，但最多时候也不会超过6个人。博士的社交圈是非常有限的，特别是非硕博连读的博士，日常接触的除了研究室的人就没别人了，这是相当现实的事情。又加上我们这栋楼里只有我们一个研究室，别的都是教师办公室、教室或仓库，因此也没什么楼上楼下能碰得上的中国人。再说了，不是每个人都愿意去认识新的人，参加那么多的活动，因此我们的小熊维尼就是这样敦敦地好好地守护着这伸手可见的朋友圈，随时准备为我们"两肋插刀"。

▲ 田师兄为伸手可见的朋友圈做的年夜饭

两肋插刀当然是开玩笑了，但身在异国他乡总有需要互相帮衬的地方。师姐的在留卡要更新了，田师兄小摩托哄哄哄一开就载着她去换了；田师兄扁桃体发炎了，我肯定就哒哒哒蹬着自行车去送药了。这没什么好说的，人在国外，有些事情不是说一个人扛就能扛的。我随便说一些好了：马桶堵了，楼上漏水，隔壁太吵，房东难搞，老板摆谱，博后龟毛……要是再加上就读的可能是英语项目，日语能力有限，那简直就是终极烦恼——语言不通，通通拉倒。

田师兄的日语水平如何呢？田师兄刚来日本的时候只学了五十音图，心里想着"反正我读的是英语课程，老师们也都会英语，沟通没问题"。没想到来到了京都大学，国内地位相当于清北，这里的学生英语一个不如一个，田师兄迫不得已开始了"实战式"日语学习。田师兄有一个小弟，是同研究室的日本硕士，平常跟着一起做做实验。本来应该是一个双向奔赴式的沟通，田师兄学学日语，小弟努力讲讲英语，然而终究是田师兄承担了所有——田师兄努力讲日语，而小弟则当一个快乐的不用说英语的日本人。田师兄的日语虽然说不算标准，也会有点蹩脚的语法错误，但谁会拒绝一个努力说日语的小熊维尼呢？

插一句话，田师兄说日语，好就好在他是男孩子。一个女留学生在男生多的专业，如果不会说日语，那她跟周围

环境的沟通就会几乎变成零。日本男生对女留学生本来就有很多男女上的顾忌，对好看的女孩子他们可能还会来搭讪，如果长得一般一点的话，可能研究室里的一些通知都懒得告诉你。日本这个社会对女孩子的要求本来就相当严格，实习单位的女孩子一个个吃中饭要小口吃，去洗手要拿小手绢，只有我饿了就干饭，洗完手就甩干。当然我也是个讲文明的人，但相比较很多日本女生来说，我可真是活得太自由了。

回到田师兄的话题，讲一讲田师兄毕业找工作的事儿吧。在日本，理工科博士找工作一般直接由老板推荐，老板会凭借自己强大的人脉网推荐你到研究所或者是公司的研究职。田师兄的个性与那种"会哭的孩子有奶吃"的完全相反，什么都逆来顺受，按照他自己的话来讲："你师兄是属橡皮的，随便捏"。因此在找工作的事情上，田师兄在没有写完自己的毕业论文之前跟老板一个字都没提，"总要论文写完才有跟老板谈谈的底气吧"。于是当老板知道田师兄想在日本找工作的时候，一脸茫然，连夜发邮件给学校里负责推荐的老师，然而也终究是迟了些。于是田师兄只能开始在网上海投，堂堂京大博士开始彻夜遨游在各种招聘网站，屡屡在海投简历时因为日语写作水平不够而被拒绝。怀才不遇也莫过如此，作为师妹，我看着甚是心疼。语言不过关，在日本找工作终究困难，而在日本这边的学术环境下发出来的论文篇数也难以达到国内的标准。我们的小熊维尼就这样敦

▲ 京都大学代表性建筑物钟楼，据说爱因斯坦在后面的玻璃房子里讲过课

敦实实地坐在他的角落里，戴上耳机，打开了一家又一家的招聘网站，一次又一次地输入自己的信息：田某，29岁，男，京都大学博士学位……

前几日田师兄生日，我们让田师兄发表一下29岁的感言。其实田师兄在日常生活中的发言有很多都是以"早知道……"来开头的，比如："早知道当时我就去那个老师开的公司里了"，"早知道我还不如跟着小伙伴去卖农药"，"早知道我当时就不出国了"，"早知道……"。而这一次的感言却着重强调："既然选择了就好好走下去。"因此我把这句话也放在结尾，和所有读博的和不读博的朋友们共勉：也许在经历了某些事情之后，你会后悔当初的选择，但既然选择

了就好好走下去。

这篇文章送给即将毕业的田师兄。虽然你师妹由于研究所的实习，可能无法观摩你毕业的风姿，但还是想通过这篇文章来表达我对你崇高的敬意。祝愿你的未来像我们经常吃的饭馆的名字一样，一个字：顺！

# 筑波姐妹图鉴

住在京都的糖小姐

2021年8月，为了攒博士论文的数据，我来到筑波开启了为期5个月的"单身贵族"之旅。筑波，一座在日本人尽皆知的科学城，集中了筑波大学、产业技术综合研究所、国土地理院等多个学术与研究机构，居民的硕博比例高居日本榜首。我在这座科学城里"广结善缘"，认识了一众可爱的小姐妹。特以此文记录并感谢与姐妹们的遇见。

## 甜点女企业家

菲是很久以前认识的网友。我的高中学姐曾在筑波大学留学，我硕士期间来筑波实习的时候就借住在学姐的出租屋里，然后菲是我学姐的同学。听我学姐和她的朋友们说过很多

▲ 从我住的研究员宿舍看出去，天好的时候可以看到富士山哦

次，说朋友开了家甜点工作室，超好吃，标志是一只小白猫。之后因为工作室想找人写一下公众号，菲就找到了我。我们加微信的时候本来应该很快就能在筑波"面基"的，结果因为疫情，我的实习时间一拖再拖，终于在2022年8月一个下着滂沱大雨的周末，我们见面了。

那天的雨可太大了。我们约在一家茶叶店里碰面，因为他们家的水果刨冰很好吃。一开始的时候啥事没有，坐着开开心心地吃吃吃，虽然天气预报说要下雨，但也是几个小时之后的事情，结果突然就开始下暴雨。那个雨大到路上成了一条河，大到我们坐的帐篷里都下起了雨，我们第一反应不是去避雨而是拿出手机拍拍拍。

于是我们两个人，组成了那天的店门口的奇观：两个小姑娘穿得很体面，但非得在帐篷里打伞，一边吃刨冰一边笑。在别人看来，我们狼狈不堪，但我们很开心。这第一次见面的大雨，永生难忘。

创业嘛，对于谁来说都不是一件容易的事，菲也一样。甜点工作室现在在筑波做得确实是小有名气了，纯手工无添加，用料足吃得爽。哪个女孩没有过一个做甜点的梦想？徜徉在奶油的香甜里，徘徊在马卡龙的配色里，举手投足间都是可爱与优雅……可生活哪会如此，众生皆苦，不可能因为你做甜点，你就不苦。

做生意最重要的是人。哪怕有一群志同道合的伙伴，但生意伙伴里有些也只是过来帮帮忙的，有些还是学生，有

▲ 那天的大雨

些人会选择不同的人生轨迹，因此兜兜转转，还是会有很多的事情，需要自己去判断。我很佩服菲，因此也经常笑称她为"女企业家"，一部分是赞赏，一部分是期待。一个非常温柔善良的cool girl，未来也一定会一切顺利的！

## 双胞胎家的4位"姐妹"

和双胞胎一家是在出门去上班的时候认识的。当时小钟姐和赖桑正要送两姐妹上保育院，小钟姐的书包豪放地放在我的自行车后座上。听到他们夫妇讲的是中文，我不知道

哪里来的"社牛"勇气请小钟姐把包拿开之后加了个微信。加完微信看到他们车后座上有个小女孩，于是送上对养小孩的父母积极的赞赏："你们女儿真可爱！"结果小钟姐让赖桑把身子一侧："前面还有一个呢！"这有点意料之外了。

养小孩的父母是不容易的，养双胞胎更是人中豪杰。和双胞胎一家熟络了之后，我们就一起去旅行，开着我租来的小车，一起去了各种地方，留下了很多美好的回忆。小钟姐是我的头号夸夸粉丝，送给我了"大善人""唐观音""仙女教母"等等一系列的头衔。对于他们而言，我的存在是非常安心的，一起出去玩的时候，他们一人抱一个小孩，我能帮着买买门票点点菜；喂饭的时候，只要我能帮着看一眼其中的一个小孩，他们中就有一个人可以忙里偷闲赶紧吃两口饭。

在遇见他们之前，我从来没有这么近距离地接触过"养小孩"这件事情。养小孩的辛苦，是我之前没有办法想象的。小钟姐经典台词，"小孩很难搞的""她们绝对是天使和魔鬼的化身""看到她们这么开心也就算了吧"，都已经牢牢地刻在了我的心里。

为什么说他们家有4位姐妹呢？因为他们可爱的老父亲赖桑也有一颗"少女心"。我们约了一起去迪士尼，赖桑从前一天就开始穿了一件米奇的衣服来"预热"一下，入园之后也是第一个表示要去买各种耳朵发箍，来搞一个"氛围"。赖桑身为一个研究金属的钢铁直男博士后，憨憨的外表下有

▲ 赖桑的少女心

一颗对"爱女"无比宽容宠溺的内心，小钟姐也经常吐槽，赖桑的字典里从此再也没有"爱妻"一词。

　　小钟姐，这个四口之家的掌舵人，原先是某著名媒体的记者。因为做过娱记，亲眼见过霍建华，所以在她比较客观地认可了我老公自称的"京都霍建华"的说法之后，我老公越发沾沾自喜，觉得自己帅。小钟姐目前在家全职带娃近3年，每天都充满了危机感，总觉得以前那个作为职场女强人的自己越走越远，现在这个家里只存在一位"师奶"。但我对小钟姐有信心，毕竟小钟姐回到职场的信念非常强烈，双胞胎之母的能力是值得颁奖章的级别，所以肯定没问题！

▼ 收到的来自双胞胎家的圣诞礼物和甜点女企业家赞助的小蛋糕！

## 女博士后的迷茫与简单的快乐

认识烨媚是在研究所组织的野外考察的时候，我们两个站在那里相视了一下对方的名牌：懂了，是得加个微信了。那天我们聊了一路，社牛如我，直接发起邀请下次有空去一起泡澡。于是我们第二次见面就是在澡堂子门口了。

我们在筑波的一家叫ゆ～ワールド的澡堂子泡澡，一个一个池子泡过来，然后坐在外面的沙发上聊天。烨媚提到了一些女博士的迷茫，最简单直接的就是周围同样年纪的同学都一个个步入了各种各样的角色，而只有留在学术界的

可爱的烨媚提着烤鸭来为 ▶
我送行

人，好像花了很长的时间，兜兜转转才刚刚到起跑线。找对象，找工作，好像都是问题，但解决问题的方式，好像也只有越来越佛系这一个选项了。

烨媚还提到很难认识新的人，很难找到一些机会去听听别人都是怎么想的，总觉得自己初来筑波这座陌生的城市，并没有太多的快乐。确实，疫情之下，一次又一次的紧急宣言，一次又一次的线上会议，我自己也有很多这样直观的感受。可能因为自己一直在做学友会的工作，起码不愁没机会去认识"学生"这个身份的人，但别的不期而遇，是越来越少了。

说到不期而遇，我与这些姐妹们的遇见都能算是不期而遇。我们可能会在当下玩得很好，玩得很疯，但以后呢？比如我与双胞胎们一起度过了许多个周末，但以后可能也只是朋友圈的点赞之交，然后在很多年后的见面，两姐妹看到我扭扭捏捏地打招呼，而我也将掏出经典台词："不记得我啦？你们小时候我还抱过你们呢！"但分别只能作为再见的理由，不能作为不去开始的借口，我还是愿意广结善缘，珍惜每一份当下的友情，参与一下彼此的人生。然后在分别的时候像菲一样送上一个大大的拥抱，像烨媚那样挥着手说"后会有期"，最后把这份感情写成文字，把这份体验好好地珍藏成回忆。

新年啦，祝我所有的姐妹朋友们都能够像下图一样，伸开手就能碰到平安、幸运、健康、快乐。

# 在日本当一个单身赴任的女研究员是什么样的一种体验

住在京都的糖小姐

因为课程安排，今年八月我单身赴任来到研究所实习，成为一名生活规律的女研究员。

我是一个生活规律的女研究员，早上7：15我会准时从iPhone铃声中醒来。

我和同龄人一样爱赖床，看会儿手机之后，饿得扁扁的肚子和稍微有点道德心的脑子会提醒我该起床吃饭然后去上班了。早餐一般吃得简单，都是提前买好或者做好的东西，早上稍微加工一下就能吃。喝红茶或者冷牛奶，这种和体温有差别的液体能够让我整个人变得清醒。刷牙、洗脸、化妆、穿衣服要花点时间，但也不慢，因为我化妆步骤简化过很多次，最后精简到现在只要5分钟。上班的日子我不涂粉底，护肤之后只上一层防晒打底，彩妆只画眼睛和眉毛。我有一盘固定的上班妆眼影，橘色系，周末用另一盘，红色系。眼线我是一定会画的，单眼皮的我在画了眼线之后整个人看上去神采飞扬，不画眼线的化妆对于我来说是无效化妆。画完眉毛之后会用定妆喷雾，最后上一点散粉。我尽量通过睡眠和高保湿的护肤品让自己的皮肤维持一个好的状态，不然涂了粉底再戴口罩容易闷痘。

我是一个生活规律的女研究员，早上 8：15 我会准时跨上我的自行车，开始飞奔。

我不喜欢提前出门慢悠悠地骑车，这种在马路上风驰电掣然后刚好到点上班的感觉让我觉得很快乐。我一般在沿途会超过四五辆自行车，它们的主人或是不情不愿去上学的初中生，或是不情不愿去上班的"社畜"，只有我，活力四射，因为我再不冲就要迟到了。我喜欢一路冲锋然后进了研究所慢慢悠悠坐电梯的感觉，可以对着电梯里的镜子慢慢地整理我为数不多的秀发，然后准点踏入办公室的大门。

我是一个生活规律的女研究员，早上 8：30 我会准时和我的老板打招呼。

我的老板叫鱼鱼，因为他的姓和日语里鱼的读音很像。我的老板是一个非常随和的人，喜欢跟我一起工作是因为我非常实诚。我有多实诚呢？硕士的时候，我第一次来这边实习。实习的第一个礼拜，我大笔一挥在我的实习报告上写：

▶ 宽阔的自行车道，再往右边
才是机动车道

说实话，我不是一个想工作的人，但来这边实习以后我发现，上班也不是一件坏事。鱼鱼大为震惊，并且开怀大笑，说他从来没见过这么坦诚的人，然后我们就"打开天窗说亮话"，从来不搞日本人弯弯绕的那一套。想想也是，日本人都太含蓄了，别的外国人日语也不一定有我好，而我这样坦诚又活泼的女孩子，哪个办公室不喜欢？

除了鱼鱼，办公室里目前的人员构成是来自韩国的白大哥，两位从合作公司派来的研究员，一位不常来的怀孕的研究员和一位秘书。白大哥是我的好大哥，但自从知道了他的工资之后，我意识到了如果一个男人有家庭，那么在日本做博士后可能会是一件有些穷苦的事情。白大哥工资按天给，一天15 000日元，加上奖金，一年到手400万日元，折合人民币26万左右。白大哥孩子在上幼儿园，老婆有一份兼职，日子过得马马虎虎。白大哥不止35岁了，这个收入对他来说着实有些吃力。但好在日本和韩国对男人的年龄都非常宽容，大器晚成是件再正常不过的事情，40岁以上的副教授大把大把，没成果也无所谓，因为决定你升教授的唯一因素就是你们研究室的教授退休了。

我是一个生活规律的女研究员，中午11∶55一打铃我就去吃饭。

工作内容每天都差得不多，按工作主题主要分为实验和文案工作，重复性的内容很多，创新性学习的内容也

不少，只是我总是偷懒不愿意学习。跟工作的重复性相比，食堂的菜就每天都不一样了，分3大类：中华、鱼和炸物。中华是指日式中华料理，跟中国料理还是有很大区别的，能吃到很甜的青椒肉丝和很甜的回锅肉。鱼类主要是各种烤鱼，很小一块鱼，不怎么吃得饱，所以我不经常选。炸物是各种日式炸鱼、炸鸡、炸猪排，搭配生的包菜丝作为沙拉。是不是看上去很不一样但又很无聊？但没关系，食堂每周五会推出一些特别的"碳水炸弹"，比如下图的麻婆豆腐炒面+迷你咖喱饭，一时间让你不知道从哪里吃起。

▲ 麻婆豆腐炒面

哦对，这周也是，卤肉炒面+迷你咖喱饭。

▲ 卤肉炒面

　　下午的工作结束后，我就蹬着我的小自行车回家了。饿的时候就旋风一般一路狂骑，不太饿的时候就慢慢地踩着踏板，欣赏沿途的风景。刚来实习的时候是8月，回家后能静静地坐在椅子上看夕阳，而现在已经是10月底，只能在下班前的茶水间里捕捉一丝余晖。晚饭我一般都自己做，附近的超市有很方便的料理包，肉、鱼、菜都帮你切好处理好，放在锅里一炒或者一煮，弄熟了就行。吃饭的时候一般搭配的"下饭节目"是日本的新闻联播——News 7，里面除

了普通的新闻还会介绍一些娱乐新闻，艺人结婚离婚都会成为话题，这在别的国家的官方新闻里还是比较少见的。吃完饭就开始玩手机，最近很沉迷看小红书上各种视频，就觉得真可爱啊，好有意思啊，好想去迪士尼……最近我的脑子就是住在迪士尼里的。

之后晚一点我会给爸妈打视频电话，一个星期打三四次，每次打好久。我老公也会给我打电话，给我展示他的晚饭和他精心喂养的我的宝贝小仓鼠。身处异国他乡，视频电话带给人的慰藉是无与伦比的，希望大家都要和身边和远方的家人和朋友好好相处，时代的洪流里，人与人还是要通过这样的纽带来好好生活。

周末我会去打卡各种面包店咖啡店。之前没有租车的时候，我只有一辆小自行车，唯一的快乐就是去去一千米以内的超市，远的地方我也懒得去。再加上对老公的思念，让我郁郁寡欢。之后我发现了解决问题的办法，我去长租了一辆小轻车，沿途不同的风景可以治愈我的心灵。我租的小轻车，是最便宜的套餐，车还算新，但没有高级的配置。这辆车有多简单？没有蓝牙音响，侧视镜的角度全靠手掰，当然也没有倒车雷达，所以我天天都在地下车库里练倒车入库。不过好在乡下地方最不缺的就是空间，每个地方的停车位都好大，我又是辆轻车，怎么着都能停进去。给大家看一些我打卡的面包、甜点、咖啡店，都是些谷歌地图评分还不错的地方，如果刚好来研究所出差什么的，不妨去看看。

▲ 我的宝贝小仓鼠

　　单身赴任的日子，有种简单的快乐。除了工作以外，我是抱着一种度假的心情来的。筑波比京都宽广，马路宽，停车位宽，甚至连房子的天花板都高些，这让我心情很是舒畅。再者，这段时间可能是我比较难得的单身生活了。不用操心别人，只关心自己。再加上3月份拿到了驾照，让我只要花点油钱，然后踩踩油门，就可以想去哪儿就去哪儿。我当然会想我的大家庭，也会想我的小家庭，只不过在20多岁能够拥有这样一份自由，我只想好好体会这份独处的快乐。18岁那年我来到日本，一直是一个人住，花了很长的时间，和自己和解。现在虽然也到了一个会思前想后，也会感叹能力不足的年纪，但去不同的地方，见不同的人，学习新的东西，就会让人想明白一些事情。我是一个很幸运的人，虽然有过一些小挫折，但没有遇到过什么大事。我的家人保护我，我也深深地爱他们；我的朋友尊重我，我也总是善待每一个人；我的工作环境很清静，我的住宿条件很舒适，房间不冷，邻居也不吵。

　　我是一个生活规律的女研究员，现在是23：00，我已经在被窝里了。

　　故事讲到这里我也要睡了，也祝你好梦。

　　晚安，每一个正在与自己独处的你。

# 想考京都大学？看这篇就够啦！

　　唐佳洁，2014年毕业于杭州学军中学，同年获得日本九州大学全奖学习土木工程。本科期间成绩优异并从事各类中日友好交流工作，获得日本文部省奖学金、百贤亚洲未来领袖奖学金。2018年入学京都大学地球环境学堂，硕博连读，博士期间被评为日本学术振兴会特聘研究员。

　　京都大学（以下简称"京大"）坐落于日本的千年古都——京都。在2018与2019年泰晤士高等教育日本大学排名中，京都大学位列日本第1位；在2019世界大学学术排名中，位列全球第32位，日本第2位，在其自然科学和生命科学领域均位列全球第21位；在2021QS世界大学排名中，位列世界第38位。至2020年，京都大学已诞生11名诺贝尔奖得主（亚

洲第一），在学校走来走去说不定就可以碰到诺奖得主哦。

京大是一座以自由的学风为追求的、有很多怪异学生和老师的学校。大家有兴趣的话可以搜索一下"吉田寮"，它是一个非常古老的学生自治的宿舍。学校校园内有很多大的木板，上面会画一些社团的招新信息，或者是批判性的大字报。比如我这张和大木板的合影上写着的就是"京大真好笑"。

如果要报考京大的日语本科课程，需要参加日本留学生考试。日本留学生考试，又叫留考、留试、留统，是对希望考入日本大学（本科）等的外国留学生的日语能力以及基础学力进行评估的考试，考试每年6月和11月举行两次。目前国公立大学基本全部采用该考试，私立大学中也有接近一半的大学采用该考试成绩作为参考。

大部分的小留学生们会选择先以语言学校的留学生身份前往日本，然后在语言学校或者私塾（补习班）里积极备考。也有一部分国内的外国语学校会直接开设针对留考的专门课程。

### ◆ 本科英语课程——以土木工程为例

从2011年4月开始，京大工学部地球工程学系开设了国际课程，也就是说与土木工程课程相关的所有课程都将使用英语进行。在国际课程中，大家可以与通过海外特殊选拔考试的优秀学生一起学习。截至2018年4月，从本科一年级到

四年级，有来自11个国家和地区的46名国际学生正在和日本学生一起学习。

招生官网：

https：//www.s-ge.t.kyoto-u.ac.jp/int/en/admission/application/guidelines

### 硕博日语课程

https：//www.kyoto-u.ac.jp/ja/admissions/grad

在京大官网上可以直接找到各个学院的招生简章，建议大家搜索报考专业信息时一定要详细到具体学院的具体专业，因为考试的内容和时间安排可能都会有所不同。比如大家想报考化学专业，但化学专业在理学院、农学院、医学院可能都有不同的小专业的研究方向。和本科生的大专业报考不同，硕博的报考最好是先从研究领域开始，然后集中到一位或者两位导师，再根据导师所属的学院来安排自己的备考。如果先从学院开始选的话，可能会因为目标过于模糊而无法选择真正适合自己的导师。

申请京大的时间表可以参考：

http：//www.kyoto-u.ac.jp/zh-tw/education-campus/international/students1/schedule.html

所有在中国国内取得本科学位的都需要招生服务办公

室（Admissions Assistance Office, AAO），请参考：

http：//www.kyoto-u.ac.jp/zh-tw/education-campus/international/students1/aao.html

语言水平：日语N2以上，英语一般为入学考试时百分制换算。

学术要求：各专业不同，如果有论文当然很好，没有也不要紧，因为大部分都要当半年研究生（预科）然后再考试，研究生阶段的表现很重要。

社会活动：说实话教授并不在乎你做了什么，但如果是一些对口专业的社会活动（如亚非拉研究所），会是很好的加分项。对申请奖学金也会有帮助。

### 硕博英语课程

https：//www.kyoto-u.ac.jp/en/education-campus/education_and_admissions/english-taught-degree-programs

这里是所有提供英语课程的学院和专业，以硕士课程为例，只要点进去就可以找到对应的专业信息。值得一提的是，有部分英语课程是为交换生提供学分的，不一定能够获得学位，在看网站的时候一定要万分仔细。

### 奖学金申请

https://www.kyoto-u.ac.jp/en/education-campus/procedures/scholarships/

日本足迹

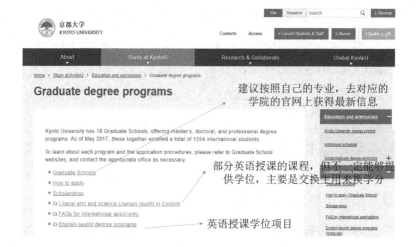

建议按照自己的专业，去对应的
学院的官网上获得最新信息

部分英语授课的课程，但不一定能够提
供学位，主要是交换生用来换学分

英语授课学位项目

这个网站会罗列所有京大学生能够申请的奖学金项目。为了不引起奖学金名称翻译上的歧义，我这边直接用英语给大家整理了一下分类，具体信息都可以在学校官网上找到相关的网站链接。

Scholarships accepting applications before matriculation

Japanese Government（Monbukagakusho:MEXT）Scholarships

Foreign government scholarships

Student Exchange Support Program（Scholarship for Short-Term Study in Japan）

Scholarships from private foundations

Scholarships accepting applications after matriculation

https://www.kyoto-u.ac.jp/en/current/how_to/financial_aid/

scholarships-applied-for-through-the-university-1

　　不管是私人奖学金还是政府奖学金，京大的名额都会先分给学院，学院再分配，学院或研究室可能会有"轮流"的情况。所以申请奖学金大部分时候都是一个运气活。

　　最后给一些留学的小建议：

　　申请不到奖学金不是你不优秀，有的时候可能只是运气问题。

　　没有奖学金也不要放弃一个心仪的学校/专业/导师。

　　适度打工，也可以适度依赖家里，你未来能给家里的回报肯定比现在的花销要多得多。

　　如果真的有经济困难，在国内发展也真的很好。很多国内高校都已经有了世界顶尖的设备，近几年也有大量优秀的人才回国任教，所以在科研上深造，出国留学不一定是最优选择。

　　祝愿大家申请一切顺利！

知道奈良多有趣

# 奈良，我的有趣宝藏地

Jully

光陰矢の如し。光阴似箭、岁月如梭，时间一晃，不知不觉中我已在奈良生活工作快十年……

回想当初第一次知道奈良这个地方，还是在刚来日本就读语言学校的时候。同班的一位姓夏的同学说："周末跟家人去了奈良，逛了东大寺，那是世界遗产，大佛可真大呀。还有后面有根柱子有个孔，很多人排队去钻，还有很多很多小鹿，太可爱了！"我的脑海中就有了"奈良有世界遗产，巨大又庄严！小鹿有很多，可爱又活泼"的印象。

说起来，京都也有很多世界遗产，游客还很多，但也可能是因为我去过且时常会听到或看到京都的信息，却很少听人说起奈良的缘故，虽然从大阪到京都和到奈良的距离差不

多，但那时奈良给我的感觉就是比京都远、当天无法来回，傻傻地也没有想过上网查询，直到后来自己去了一次，才发现原来奈良离大阪那么近，一个小时不用就到了。如果从天王寺过去的话，快速电车只要33分钟就到！弱宣传误人啊！后来研究生毕业就职时看到有奈良的公司，鬼使神差地选择了它，从此开启了我的奈良生活。

在日本的关西华人圈中提到奈良，大家都会说：奈良啊，适合养老，但不适合居住，更不适合年轻人。因为相比于大阪、京都、神户，奈良乡下气息太浓了，但对我来说，奈良太合我胃口了！搬家到奈良后，闲暇时间我几乎走遍了奈良的所有世界遗产、名胜古迹，还探寻了许多鲜为人知的秘境绝景。有时候跟同事聊天，说起周末去了哪里、还去过哪些地方的时候，她们都会很惊讶，因为很多地方她们作为奈良本地人都没有去过，正所谓"远香近臭""距离产生

美"吧，离自己越近的地方越容易被忽略，越不会花时间前去……比如明日香村、比如天川村、比如熊野古道小边路、比如十津川泡温泉等，不同的时节有不同的感受，好看的、壮观的、惊险的，种种体验奈良全都有，去一次还不够，约个三五好友，我可以去无数次且已经去了无数次（笑）！

身处奈良，公司里也几乎全是奈良人，个人感觉奈良人真的好淳朴。曾经日本网络上就流传这样一张图片，标题为"如何区分关西人（関西人の見分け方）"，日本人觉得"京都人表面看着和蔼，其实内里很可怕；大阪人看着凶，其实人很好；只有奈良人，表里如一地老实没心眼"，不得不说，这描绘，太形象了。

老实说，奈良挺适合生活的，道路宽敞，绿植多，人们淳朴又善良，环境清幽还物价低（比大阪稍微低些）。每次朋友过来玩，看到我家附近超市里的物价都会惊叹："太便宜了！"奈良也挺适合爱好户外或喜欢探险的，走出家门就有大量绿植，随便找个地儿就能野餐，搭个帐篷就能野营，这地儿可能还是世界遗产，奈良的深处还有许多秘境可以去探险……

对别人来说，奈良是个乡下土地方，但对我来说，奈良就是有趣的宝藏地，让我深陷其中，乐此不疲。

# 细说奈良特产——柿叶寿司

Jully

　　说到奈良，就会想到柿叶寿司，这是奈良的名物（即特产），就像奈良渍（用酒糟腌制的腌菜，略带酒味）一样，喜欢的人喜欢得不得了，不喜欢的人闻一下就接受不了，这样一种传统美食，你们见过吗？

　　柿叶寿司，顾名思义，就是用柿子的叶子包裹着的一种寿司，它不用蘸酱油，也不用加芥末，寿司上面盖着的生鱼片不是新鲜的，而是稍加腌制过的，饭团也不是无味的白米饭，而是调了甜醋的醋米饭，柿叶寿司的形状大小跟一般的寿司相差不大，因此就被简单粗暴地称为"柿叶寿司"。

　　对于一个四面环海的岛国来说，奈良算是

一个例外，多山，四面都不连海，在这样一个内陆城市为什么会盛产半生海鲜食品呢？

就这个问题，我曾好奇地问过好几个奈良本地人，他们都笑了，说可能是对大海的向往和喜爱吧，越是没有海就越向往大海，于是就把这份喜爱直接转移到海鲜上了。好吧，姑且把这当成他们的心声吧。

查阅资料，史料上记载，柿叶寿司起源于江户时代（17世纪），当时的和歌山三重（沿海城市）一带渔民为了将捕获的鲭鱼（产量大）运到繁华的大和（奈良）去售卖，在鲭鱼肚子里塞入了盐巴腌制，但等运到奈良时盐味实在太重了，当地人就想到了将鲭鱼切片跟米饭一起食用以冲淡咸味的方法，柿叶寿司的雏形就这样产生。到了江户时代中期以后，随着酿造业的普及，日常生活中有了醋，于是就有了在鱼片下面的白米饭里加醋的吃法。腌制过的生鱼片和加过醋的饭团，保鲜时间比一般的寿司都要长很多，于是这样特别的寿司就出现在了奈良传统祭祀和庆典时的贡品单上，备受好评。特别是奈良县的五条市、吉野、大峰地区的柿叶寿司最为有名，成为当地代表性料理。

而用柿子的叶子包裹食物的方法是当地一直流传的传统保存技法。奈良多山，历来盛产柿子，先人们发现柿子的叶子有一定的杀菌和反腐效果，包裹食物能数日不腐，而叶子的大小也刚好能裹住一块寿司，用盐轻微腌制软化叶子上的硬梗后，用它来包裹寿司就再合适不过了。据说它一般能保鲜三天，根据季节，天冷时还能保存5天。奈良人远行或劳作时都爱带上它来充饥，于是就有了现在奈良随处可见的特产——柿叶寿司。

刚开始的柿叶寿司只有鲭鱼一个口味，到了明治时期，奈良"平宗"店推出了三文鱼口味，深受好评，从此鲭鱼和三文鱼就成了柿叶寿司最经典的口味。"平宗"品牌也一跃成为当时最有名的柿叶寿司品牌，延续至今。而随着时代的变迁，柿叶寿司也不再仅限于鱼类，还有了海虾、乌贼、鳗鱼、猪肉、牛肉、香菇、竹笋、红姜等口味，满足了人们的不同喜好。而包裹的柿叶，也不再只是单调的绿色，随着处理方法的改进，各种成熟度的柿叶都能用来包裹寿司储存，于是打开包装，柿叶寿司也变得色彩斑斓，让人食欲大增。

柿叶寿司除了常温或冷藏食用外，为了冬天也能吃上一口而不冻嘴，奈良当地还流传着炭火烤寿司的吃法，将包裹着柿叶的寿司直接放火上烤即可。没有炭火的话，还可用微波炉加热。这种吃法在日本一个探索各地美食的娱乐节目《秘密のケンミンSHOW》中一经爆出，让很多人惊呼，他们从来没听过柿叶寿司还可以这样吃。这是奈良才有的吃法，也再次奠定了柿叶寿司在奈良的地位！

柿叶寿司可以说既具有深远的历史又是人类智慧的结晶，这样一道乡土料理，如果你来奈良，一定要去尝一尝！

# 比苹果还甜脆多汁的奈良柿子

Jully

金秋时节，又到了吃柿子的时候。

柿子是日本秋冬不可或缺的水果，上文介绍了奈良的特产——柿叶寿司，这种用柿子的叶子包裹的乡土料理。有叶就有果，那么这次就来说说奈良的柿子。

在日本，除冲绳外，几乎每个省份都产柿子，其中奈良县的柿子产量居日本第二，仅次于和歌山县，但产量最大的城市还是要数奈良县的五条市，五条市生产柿子历史悠久，往上可追溯到奈良时代（《正仓院文书》中留有记录），这里盛产无籽的脆柿。在日本，这样的柿子就如苹果一样有一定的硬度，削皮即可食用，不脏手，还甜脆多汁，深受注重形象的日本人喜爱。

众所周知，柿子营养非常丰富，它含有丰富的维生素和胡萝卜素、膳食纤维、天然果胶等，其中维生素C的含量是橘子的2倍。中国有句俗话叫"一个柿子十副药"，日本也有类似的谚语叫"柿が赤くなると医者が青くなる"，说的都是吃柿子有益身体健康的道理。

为了让人们能经常吃到柿子，在奈良，除了秋季的柿子外，还开发了大棚柿子和冷藏柿子等跨季节柿子，使一年四季（除了春季外）有三季都有柿子供应。

如7—9月的大棚柿子，又叫夏柿，奈良的大棚柿子产量是日本第一，代表柿子有"刀根早生（とねわせ）"，这款柿子为软柿子，据说很受东京人喜爱。

9—12月的露地柿子，即非大棚的自然生长的柿子，代表品种有"平核无（ひらたねなし）"，顾名思义，这是没有核的柿子，果肉较硬但多汁，比其他柿子的保存时间长，非常适合喜欢囤货的人大量购买，一般脆柿子说的就是它。但是，最最受欢迎的柿子还是要数11月下旬至12月中旬生产的"富有"柿子，这是一款脆甜柿子，果肉紧实细腻且多汁，个头较大，深受以大阪、奈良为首的关西人喜爱，品相好的富有柿子还被制作成礼盒，是年末馈赠亲朋好友的佳品。

12—2月的冷藏柿子，即挑选部分耐存放的富有柿子，放入冷藏室内冷藏1～3个月后食用的柿子，也就是1—2月

售卖的柿子。冰点冷藏，无须解冻，完美保留了柿子原有的营养和水分，因此冷藏的富有柿子也很受欢迎。

为了让人们更直观地了解柿子，1994年，在柿子产量位居第一的五条市开设了"柿子博物馆"，在这里不仅能看到祖先所留下的珍贵的柿子栽培技术和历史资料，还能看到全国各地的柿子品种，以及用柿子制作的各种糕点、饮品等，这里也成为柿子生产商和消费者之间交流和学习的地方，也是以当地小学为首的学校和教育机构的参观学习之地。柿子博物馆，外观造型奇特，远远看去仿佛一颗巨大的柿子，这样独特的红柿子建筑造型让人眼前一亮，在这里跟这个大柿子来个合影，应该也是不错的纪念吧。

　　此外，柿子的食用方法也多种多样。除了常见的削皮直接食用和风干做成柿饼外，在奈良的一些西餐厅内还能吃到跟芝士、西班牙火腿一起食用的吃法，柿子的甜脆加上芝士的醇厚和火腿的咸香，各种美味相辅相成，入口瞬间轰炸你的口腔，惊醒你的味蕾，好吃得让人欲罢不能。

　　如果你来奈良，一定要尝一尝奈良的柿子，有兴趣的话也一定要去尝一尝这些料理，相信它不会让你失望！

# 生动且妙趣横生的祭祀活动——当麻寺练供养会式

Jully

　　当麻寺，是一个当地人引以为傲、外地人鲜少知道的寺庙。庙不小，瑰宝也不少，可惜地理位置偏僻，游客甚少。我之所以知道它，也是因为多年前一个日本同事的推荐，同事说这个寺庙最近有个很特别的活动，叫"练供养会式"，我一定没见过。出于好奇，我便一个人乐颠颠跑去了……

　　当麻寺，位于奈良的西边，是背靠二上山面朝东而建的寺庙，相传原身并非在此，由圣德太子同父异母的弟弟麻吕古王创建于白凤时代（公元645—710年间，具体时间不详），后被一贵族豪绅当麻氏作为其族寺迁至现在所在地，改名"当麻寺"。一对三重宝塔（东塔和西塔）历经千年，依然傲立，是日本仅有的双

塔同时健在的宝塔，还有造型精美别具匠心的梵钟、金堂内供奉的本尊弥勒佛坐像等，都是非常珍贵的文物，被列为日本国宝，一直流传至今。寺内伽蓝众多，其中池泉洄游式庭院——中之坊庭院"藕香园"素有"大和三大庭园"之称，被指定为日本国家名胜，非常值得一观。

当麻寺背后的二山上，自古以来有"灵山"之称，每当夕阳西下时，太阳正好落于二上山的两峰之间，相传那后面便是西方极乐世界，二山上是通往极乐净土的入口，而位于这入口处的当麻寺，便是净土宗寺庙，即以往生极乐世界为目的的寺庙。随着镰仓时代对净土信仰的推崇，当麻寺也被誉为净土信仰的圣地，香火鼎盛，其中描绘极乐净土世界的国宝织物"当麻曼陀罗"，最为引人注目。

相传，这幅构造复杂、制作精美且色彩斑斓的极乐净土世界图，是由一位年轻美丽的官家小姐"中将姬"在一夜之间纺织而成。中将姬是当时右大臣藤原丰成的女儿，7岁丧母，被后母虐待仍善良友爱，24岁时因貌美多才而受后母嫉妒，招来杀身之祸。虽在忠仆的保护下躲过劫难，但也对世事断了念想，决定出家为尼。她在冥冥之中来到了当麻寺，却因当麻寺不收女弟子被拒，后赤足立于石上虔诚念经数日。后住持被其感动，为其剃度，并赐法号"法如"。此后，日日诚信向佛的中将姬在26岁时，受长谷观音化成的老尼指引，寻遍大和、近江、河内等多处河道的莲花，用莲丝做纺线织布，与神秘织女一夜之间织出了4米见方的曼陀罗图，供奉于寺内每日朝拜。29岁时，阿弥陀如来率二十五众菩萨现身，迎接功德圆满的中将姬前往西方极乐净土，这便是有名的"中将姬传说"。

练供养会式，便是再现众佛来迎中将姬之名场面的仪式，又称"圣众来迎练供养会式"，每年5月14日的下午举行，是当麻寺最大的年中祭祀活动。你无法想象，一群头戴金面身穿华服的菩萨从你头顶处走过，是多么让人震撼！

会式当天，从寺内本堂极乐堂（供奉曼陀罗图的地方）到裟婆堂之间，架起一条长长的木板桥，称"来迎桥"，众僧侣开路，二十五位华服菩萨手持神器在后，最后一位观音菩萨手持莲花座左右扭动宛若起舞，这是用来容纳中将姬肉身的莲花座，到中将姬等候的裟婆堂后，莲花座上便有了小金佛，那就是中将姬。众菩萨载歌载舞，欢欢喜喜带着莲花小金佛返回极乐堂……

来迎、归去，这样一个过程，表意明确、简单易懂又妙趣横生，归去时夕阳照在众菩萨的金面上，晕出一圈圈金光，仿佛佛光普照，使整个仪式显得仙气弥漫。两米多高的来迎桥两边挤满了凡夫俗子（如我），看着桥上走过的一个个队伍，不发一语内心却激动不已。古人对往生美好世界的

向往在这个仪式上表现得淋漓尽致，他们的创意也真的可见一斑！

从最近的近铁当麻寺车站出来，走了大概十几分钟，当天的沿途风景已经模糊，只记得有一段笔直通往寺庙山门的小道，两边皆是传统的日式一户建，门前种满花草树木，日本人特别喜欢在门前种松树，可能是因为它万年青吧。矮矮的围墙上放置着可爱的小人偶，还有简易的易拉罐风车，随风转动，让人感觉宁静且美好……也许只有这样的环境才配得上净土信仰圣地的当麻寺吧。

# 出人意料的日本相扑发源地

相扑是日本国粹，在日本有着很高的地位，那你知道它的发源地在哪里吗？

日本最古老的史书《日本书纪》中记载，公元4世纪初，在奈良县葛城市有个叫当麻蹶速的大力士，他力气奇大，经常找力气大的人比试。名声传入当时的天皇耳中，便有了当麻蹶速与同样以力气大自居的名叫野见宿祢的力士在御前比试力量的名场面，这被后世视为相扑的雏形，也被叫作"天览相扑"（供天皇等皇室贵族参观的相扑）。

在这次比试中，两人不相上下地比拼了很久，最后当麻蹶速因不敌而输掉了性命，但这连天皇都为之注目的力量比拼是史上第一次，也是因他而起的，所以后世尊称当麻蹶速

为"相扑始祖",并在他的家乡葛城市建造了供养纪念墓碑,"葛城市"也被称为相扑的发源地。

为了振兴相扑事业,葛城市于1990年,在这纪念墓碑旁边,建造了以"当麻蹶速"命名的相扑参观体验纪念馆——蹶速座相扑馆。

几年前,我曾有幸参观过这里,馆内有与相扑赛场上同等大小规格的相扑台(日语为"土俵",即用装有土的草袋子围城一圈,里面铺上沙子的力士们比赛的场地),游客无论男女老幼都可上台体验,这个在日本非常难得。因为在日本,相扑作为日本国粹,有着非常严格的限制,其中一项就是禁止女性上相扑台。

自古以来,相扑被视作一项神圣的活动,是男人比拼力量的赛场,也是祭神仪式的一部分(认为女性不洁,会玷污这神圣之地),且力士们除下身的麻布腰带外近乎全身赤裸,因此从初始的"天览相扑"开始,相扑场地内曾一律禁止女性入内,即使皇后也不行。后来虽然放宽,女性可入会场内观看比赛了,但是比赛用的相扑台仍属于禁区。1990年日本第一位女性内阁官房长官森山上任后,曾表示希望在相扑台上为获胜的力士颁发"总理大臣杯"(最高奖杯),惨遭相扑协会拒绝。无独有偶,2018年,京都府舞鹤市市长在视察时,突然发病倒在相扑台上,同行的女医生飞身上台施救，却被喝令立刻下台……诸如此类事件还有很多，有些人说这对女性太不公平了，也有人说要尊重传统，众说纷纭，可以说这是传统和现代的碰撞，难以调和，至今日本相扑界对此仍持保留意见，即仍然禁止女性登相扑台。

而葛城市的"蹴速座"相扑馆，为大家提供了这样一个弥补"不能登台"遗憾的场所。馆内分上下两层，一楼为相扑场，有正规相扑台，也有传统的观览席，在这里，男女老少、国内国外人士皆可上台体验，站在台上和台下的感觉是完全不一样的。提前预约的话，还可佩戴力士头套、穿力士服、学力士抓盐抛撒、两人比试，更真切地体验日本国粹……

二楼为相扑的历史资料馆，收录了12 000多份关于相扑的珍贵资料，包括古画、文字资料、照片、新闻报纸、杂志、相扑用品等，其中还有奈良出身的大相扑力士"大真鹤健司"用过的腰带和拖鞋，可以比比谁的脚大（笑）。

馆内还为游客提供了各种语言导览设备，来到异国，近身体验该国国粹，也是旅行的一种意义吧！

蹴速座相扑馆（葛城市相撲館 けはや座）
〒639-0276 葛城市当麻83-1

营业时间：10：00—17：00（周二周三休息）

电　　话：0745-48-4611

最近车站：近铁当麻站（步行5分钟）

# 日语的各种表达方式

# 动漫里的诗与和歌 日语古典文法解说

小飞鼠

風立ちぬ　いざ生きめやも

Le vent se lève, il faut tenter de vivre.

起风了，唯有努力生存

灵动清透的音乐随之响起，触及了心底最软的那根弦。

「風立ちぬ、いざ生きめやも」摘自法国象征派大师保尔·瓦雷里（Paul Valery）创作的诗歌《海滨墓园》，由作家堀辰雄译为日语。

大学时代还未接触日语古文时看到的这句"風立ちぬ、いざ生きめやも"，使人摸不着头脑，"ぬ"前面明明应该接续动词的未然形而不是连用形，"めやも"又是什么？这个

问题直到考研不得不系统地自学日语古典文法时才弄得一清二楚。

首先，我们熟悉的"ぬ"表示否定，前面接动词未然形（ない形），例如：

蒔かぬ種は生えぬ

……ねばならぬ

但是在日语古典语法中，"風立ちぬ"的"ぬ"表示完了的意思，前面接续动词连用形（ます形），所以"風立ちぬ"表示起风了，而不是不起风，后者应该是"風立たぬ"。

那么，"めやも"又是什么意思呢？"めやも"是由表示意志的助动词"む"的已然形"め"和表示反语的"やも"组成，意思是："生きようか、いやそんなことはない"（要生存下去吗？不，还是作罢吧），但与此同时，句首的"いざ"和"め"相呼应表示强烈的意志，因此这句话还含有强烈的"生きようじゃないか"（要生存下去）的意味，巧妙地将生存的决心和不安糅杂在了一起。

なるかみの　すこしとよみて　さしくもり　あめも
ふらんか　きみをとどめん

なるかみの　すこしとよみて　ふらずとも　われは

とまらん　いもしとどめば

　　鳴る神の　少し響みて　さし曇り　雨も降らぬか
君を留めむ
　　鳴る神の　少し響みて　降らずとも　我は留らむ
妹し留めば　　　　　　　　　　　——『万葉集』原文
　　（解释一下动画里的发音和原文为什么不同，原文中的
"雨もふらぬか""吾は留らむ"在动画里读作"あめもふら
んか""われはとまらん"，是因为表示意志的助动词"む"
可以读作"ん"。）

**现代日语与中文翻译：**
　　雷が少し響いて、空が曇り、雨も降らないだろうか。
あなたを留めよう。
　　雷が少し響いて、雨が降らなくても、私は留まろう。
あなたが（私を）留めたら。
　　隐约雷鸣 阴霾天空 但盼风雨来 能留你在此
　　隐约雷鸣 阴霾天空 即使天无雨 我亦留此地
　　新海诚作品里的雨天和诗。
　　女主柔和的声线、雨声和音乐一同响起，催生了美妙
的化学反应。
　　记得当年正是这首诗激励着我学好古典文法，感谢新
海诚，当我把其中的玄机弄得一清二楚后，产生了极大的满

足感。

接下来盘点一下这首和歌里的古典文法。

　　鳴る神の　少し響みて　さし曇り　雨も降らぬか
君を留めむ

　　鳴る神の：雷が。古文中的の即が。

　　少し響みて：少し響いて。て前接续动词连用形，首先检索"響む"，它是四段活用动词（古文中的动词活用远比现代日语复杂）。

## どよ・む【▽響む】

［動マ五（四）］《平安末期ころまで「とよむ」》
1 音が鳴りひびく。ひびきわたる。「砲声が―・む」

　　然后对照古文动词活用表，"響む"的连用形为"響み"，所以是"響みて"，意思是"鳴り響く"。

　　さし曇り：空が曇り。さし放在动词前表强调，翻译时无须译出。

　　雨も降らぬか：雨も降らないだろうか。这里的"ぬ"与"風立ちぬ"的"ぬ"不同，是另外一个否定助词"ず"的连体形，接在动词未然形后表示否定，"ぬ"后接续"か"，即"ないか"表示愿望。

　　君を留めむ：君を留めたいから。"む"是表示意志的助动词，前面接动词未然形。而"留む"是一个下二段活用动词，参照列表，其未然形为"留め"，因此"留めむ"的意思就是"留めよう"。

鳴る神の　少し響みて　降らずとも　吾は留らむ　妹し留めば

第二句中重复的内容这里不再赘述。

降らずとも：降らないとしても。とも表示逆接假定，意思是"ても、としても"。

我は留らむ：私は留まろう。"む"表示意志，前面接动词的未然形。"留る"是一个四段动词，参照动词活用列表，其未然形为"留ら"。

妹し留めば：あなたが（私を）留めたら。"妹"是男性对女性的称呼。"し"表示强调。

本句的重头戏在"ば"。因为"ば"在古典文法中有两种接续，分别对应两个意思。接在动词未然形后表示假定，意思是"～たら、～ば"；接在动词已然形后表示原因（还有偶然条件、恒常条件），意思是"ので、から"（～ところ、～といつも）。接下来需要判断的是"留む"的变形"留め"是未然形还是已然形。上句解释中已经提到"留む"是一个下二段活用动词，因此参照表格可以明白"留め"是一个未然形，后续"ば"表示假定。所以这句话的正确翻译为：あなたが（私を）留めたら。

　　看到这里，你是不是有了想要了解日语古典文法的冲动，抑或自动屏蔽了这个与现代日语相差甚远的变形规则？当然，最理想的学习状态是在有一定基础的前提下，带着兴趣来了解日语古典文法。

# 和歌——灵动之美的日语打开方式

白鸟

　　"年の内に春は来にけり一歳を去年とや
言はむ今年とや言はむ"

　　"岁内春既来，顾思过往年一载，非宜称
昨年，亦复岂合称今年，彷徨不知谓何年"

　　新的一年来了，提起笔来思绪万千，一时
又不知从何说起，真应了那句"流光容易把
人抛"，只感慨转眼间一岁春秋又过去了。写
2020年印象记时的场景还历历在目，只是没
想到彼时定的以后要多写些东西的计划，也被
拖延症的本人一拖再拖，不知不觉竟拖过了一
年，产量稳定在1篇。那就今年再立个小目标。

　　言归正传，想必大家已经从第一句看出来
了，今天我们要来说说的主题是和歌。

　　首先，什么是和歌？熟悉日本文化的"童

鞋"们一定在很多影视作品里都听到过和歌。和歌（わか）是一种日本传统定型诗，它以和音为基础，多用枕词、序词，声调庄重，遣词简约，意境淡雅，包括长歌、短歌、片歌、连歌等。

由于受五言绝句、七言律诗的影响，和歌以五音句和七音句交替使用，再以七音句结尾，短歌有五句三十一个音节，按五七五七七的顺序排列，长歌格式为五七五七……七七，片歌为五七七或五七五，旋头歌为五七七五七七。

和歌起源久远，具有口口相传的民谣特色。据《万叶集》记载，历史上第一首和歌作于公元757年。《万叶集》与《古今集》《新古今集》并称为三大歌集，是现存最早的和歌总集，收录了629年至759年间的和歌作品4 500余首。

著名歌人"歌圣"柿本人麻吕，他的最大贡献就是将和歌用文字表述，和歌从此成为一种真正的文学体裁，逐渐具有了深刻的文学性和思想性。

うち日さす宮路を人は満ち行けど吾が思ふ君は唯一

人のみ

　　晴光照宫路，笑语往来频。宫路人虽众，吾心在一人。


　　平安时代传奇女歌人小野小町，因才华横溢被列为"六歌仙"之一，也因绝世美貌在日本成为美女的代名词。她作的和歌绮丽、哀婉富有纤细的美感。

　　花の色はうつりにけりないたづらにわが身世にふるながめせしまに

　　花色业已残，红颜身世亦徒然，赏花一瞬间。


　　うたた寝に恋ひしき人を見てしより夢てふものを頼み初めてき

　　片刻春闺梦，梦中相见卿。深怜一场梦，淡影慰幽情。


　　动画片《平家物语》中也应用了大量和歌元素，在琵琶法师如泣如诉的咏唱回忆中，草木萧萧，战马奔腾，一将功成万骨枯，历史就在弹指间静静流逝，将平氏一族的起落兴衰向我们娓娓道来。


　　《百人一首》（ひゃくにんいっしゅ）指日本镰仓时代歌人藤原定家的私撰和歌集。藤原定家挑选了直至《新古今和歌集》时期100位歌人（其中男性包括僧侣13人在内共79人，女性21人）的各一首作品，汇编成集，因而得名，亦称《小仓百人一首》。

如今"百人一首"也指印有百人一首和歌的纸牌，或是用这种纸牌来玩耍的歌留多游戏。

歌留多（かるた）又称"歌牌"，是一种印有《小仓百人一首》的纸牌用以游戏，通常在元旦时举行。歌牌由各一百张"咏唱牌"和"夺取牌"组成，共两百张，咏唱牌上印有歌人肖像、作者及和歌，夺取牌上则印有以日文假名书写的和歌后半部。歌留多从江户时代中期开始盛行，过去为日本宫廷游戏，近期演变成竞技项目。玩法是先摊开每人25张写有后半句的夺取牌，游戏参与者在听到读手读出咏唱牌（読札）上所写的短歌后，迅速找出印有相应短歌之下句的夺取牌（取札），速度快、找出取札多者为胜，熟练者在上句刚读开头即可找出下句纸牌，是一种富有日本传统文化之美的游戏。

《花牌情缘》也是一部以歌牌为背景的动画片，讲述了主人公绫濑千早认识绵谷新后踏入了歌牌世界的青春友情物语。作者末次由纪也有过参加歌牌竞技的经历。

出现在动画片中的部分和歌：

难波津に咲くやこの花冬ごもり今は春べと咲くやこの花

花开难波津，寒冬闭羞颜。今春满地堂，花开香芬芳。

ちはやぶる神代も聞かず竜田川からくれなゐに水く
くるとは

悠悠神代事，暗暗不曾闻。枫染龙田川，潺潺流水深。

いにしへのならの都の八重桜けふ九重ににほひぬる
かな

古都奈良城，今朝香正浓。八重樱烂漫，光照九重宫。

这部作品还被改编为真人版，广濑铃、贺来贤人、松
冈茉优、新田真剑佑、上白石萌音都有出演喔。播出后在日
本广受好评，引起了新一轮的歌牌比赛热潮。

我们所熟知的《名侦探柯南》剧场版《唐红的恋歌》
也是以"歌牌"为题材，推理剧情虽然一般，但京都与歌牌
的设定却无疑令人眼前一亮。从海报就能看出，比起以往几
部剧场版，这部的设定更有传统日本文化韵味。剧中名侦探
服部平次的儿时好友远山和叶与大冈红叶两人均是歌牌高
手，歌牌比赛贯穿了整部电影，给京都背景的故事增色不
少。(当然重点在于新兰平和"狗粮杀")

和叶的歌牌：忍ぶれど色は出でにけりわが恋は，も
のや思ふと人の問ふまで

相思形色露，欲掩不从心。春闺初慕恋，但愿避人言。

小兰的歌牌：めぐり逢ひて見しやそれともわかぬ間に雲がくれにし夜半の月かな

邂青梅竹马，执看未端详。归如夜半月，匆匆云中藏。

新一给小兰的歌牌：瀬をはやみ岩にせかるる滝川のわれても末にあはむとぞ思ふ

急流岩上碎，无奈两离分。早晚终相会，忧思情愈深。

（这大碗"狗粮"我干了）

大家对和歌有没有开始感兴趣了呢？

# 日语的外来语，难住你了吗?

白鸟

随着国际化的日益加剧，现代的日语中融入了各国的语言。在表达这些词语时，会使用"外来语""片假名语""和制英语"等词，这些词到底有何不同呢? 如果了解各自的详细含义，是不是应该更容易掌握区别和使用方法呢?

　　对于日语学习者来说，外来语无疑是学习过程中的一大烦恼。很多人在学习过程中都有不知道该如何使用外来语、直接用英语单词当作外来语进行对话，或者为了回避外来语用「持ち帰り」代替「テイクアウト」等经历，在学习和实践中用自己的方法逐渐掌握了日语外来语的发音和书写表达。要想真正了解日本社会、更好地运用日语，就需要大量积累，充分掌握日语中的外来语并熟练运用。

「外来語」とは、「他の言語から借用した語で、現在は自国語と同じように使用されているもの」といった意味の言葉です。「借用語」とも呼ばれます。日本語における「外来語」は、広義には漢語も含みますが、一般的には英語やドイツ語など、欧米諸国の言語から取り入れられた語を言います。

在很多日本的年轻人眼中，外来语显然已成为一种潮流。

在日常生活当中我们会遇到很多外来语，比如年轻人喜欢去的星巴克（スターバックス），看到菜单会不会哭？读起来都比较吃力。

汽车品牌（皇冠）——クラウン

日本化妆品品牌（肌肤之钥）——クレ・ド・ポーボーテ

24小时便利店（7-11）——セブンイレブン

衣服品牌 优衣库——ユニクロ

手表品牌（西铁城）——シチズン

显然中文的翻译简单明了，通俗易懂，外来语对日语学习者来说真是一个难题，也算是日语的一大特色。

「外来語」の具体例としては、次のようなものが挙げられます。「アルバイト（ドイツ語で「労働」の意」「イン

ターネット」「カスタマー」「キャッシュ」「クリスマス」
「ダイエット」などで、他にも数多くあります。また、意
外なところでは、「カッパ：合羽（元はポルトガル語）」や
「じゅばん：襦袢（元はアラビア語）」なども、「外来語」
に含まれます。

外来语的具体示例包括："打工（德语是'劳动'的意思）""互联网""顾客""现金""圣诞节""减肥"等，还有很多。另外，万万没想到的是，"カッパ：合羽（原葡萄牙语）""襦袢：衬衣（原阿拉伯语）"等也包含在外来语中。

在日本，日本人无论在生产还是生活中都已经离不开外来语，外来语尤其受到年轻人的欢迎。也有人简单归结为崇洋媚外。但也可以理解为这是在积极吸取先进文化的过程中不可避免的现象。正如当年先进的汉文化受到极度推崇时，日本人利用汉字首次发明了自己的文字——假名。

以日语为工具的中国人，或者对日本文化感兴趣的学习者，都可以在掌握外来语的同时了解英语词汇。这不是一举两得的事情吗？

# 日本的奇葩姓

　　提起日本的姓，大家都知道日本有很多奇葩的姓，大家都知道的"我孙子（あびこ）"够奇葩了。还有更奇葩的，比如"我妻（あずま）""犬養（いぬかい）""猪鼻（いはな）""一二三（ひふみ）"等。以下列举从我们中国人角度看起来比较奇怪的姓和从日本人角度看起来比较罕见的姓。

　　◆ 从中国人角度看起来奇怪的姓：

　　御手洗（みたらい，みたらし，みたあらい，みてらい，みたいら，おてあらい，みだらい，みてしろ，みてらし）

# 御手洗

犬養（いぬかい，いぬがい）

# 犬養

大串（おおぐし，おおくし，おぐし，おうぐし）

# 大串

猪鼻（いのはな，ししはな，いはな，いばな）

# 猪鼻

猪口（いのくち，いのぐち，いぐち，ちょく，い
くち）

# 猪口

鼻毛（はなげ）※医学中称「びもう」，据说全日本有
30人左右

# 鼻毛

醤油（しょうゆ）据说全日本有20人左右

# 醤油

牛腸（ごちょう）

# 牛腸

新妻（にいづま，にいつま，にいずま，あずま）

# 新妻

龍神（りゅうじん，たつがみ，たつかみ）

# 龍神 竜神

上床（うわとこ，うえとこ，かみとこ，うわどこ，かみどこ）

# 上床

一二三（ひふみ，かずふみ，いじみ，うたかね，ひおみ，ひほみ，うたたね）

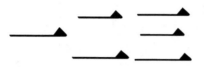

◆ 下面是日本人觉得都比较少见的30种姓

第30位：水落（みずおち，すいらく，みづおち，みずち，みずおとし）

# 水落

---

第29位：黛（まゆずみ，まゆすみ）

# 黛

---

第28位：五反田（ごたんだ，ごはんだ，こはんだ，こたんだ）

 五反田

---

第27位：土手（どて，つちで）

# 土手

第26位：台（だい，うてな，たい）

# 台

第25位：祝（いわい，ほうり，はふり，しゅく，つう，しゅう，のり，のりと，はじめ，よし，ほほり，ほり，ほおり）

# 祝

第24位：勅使川原（てしがわら，てしがはら，てしかわら，てしかわはら，ちょくしがわら，ちょくしかわら）

# 勅使川原

第23位：小粥（おがい，おがゆ，こがい，こがゆ，
おかい，おかゆ，こかゆ，こしゅく）

# 小粥

---

第22位：不動（ふどう）

# 不動

---

第21位：権守（ごんもり，ごんのかみ，けんもり，
けんしゅ，ごんのもり，ごんしゅ）

# 権守

---

第20位：樹神（こだま，こたま，じがみ，じゅがみ）

# 樹神

---

第19位：愛宕（あたご，おたぎ，あいとう，あたぎ，おたき）

# 愛宕

---

第18位：熊手（くまて，くまで，くまだいら）

# 熊手

---

第17位：簾（すだれ，みす）

# 簾

---

第16位：百鬼（なきり，なぎり）

# 百鬼

---

第15位：兜（かぶと）

# 兜

---

第14位：漆（うるし，うるわし）

# 漆

---

第13位：蕪（かぶら，かぶ）

# 蕪

---

第12位：君家（おおや，きみいえ，おうや，きみや）

# 君家

---

第11位：狼（おおかみ）

狼

---

第10位：漆真下（うるしまっか）

漆真下

---

第9位：九十（くじゅう，くと，くつ）

九十

---

第8位：結（むすび）

結

---

第7位：隅田川（すみだがわ）

# 隅田川

第6位：神風（じんぷう，かみかぜ）

# 神風

第5位：絵本（えもと）

# 絵本

第4位：一尺八寸（かまづか，かまつか）

# 一尺八寸

第3位：努力（ぬりき）

# 努力

第2位：臥龍岡（ながおか）

# 臥龍岡

第1位：左衛門三郎（さえもんさぶろう）

# 左衛門三郎

还有，下面是笔者觉得少见的姓。

勘解由小路（かでのこうじ，かげゆのこうじ，かげ
ゆこうじ）

# 勘解由小路

正親町三条（おおぎまちさんじょう）

# 正親町三条

还有好多，比如：

素麺（そうめん）

世界（せかい）

寒波（さむなみ）

東京（とうきょう）

豆（まめ）

十（もげき，もぎき，じゅう）

陸上（くがうえ）

焼塩（やきしお）

四月一日（わきぬき）

# 日本文化大不同

# 日本式的情人节

　　情人节来自西方，每年临近2月14日，日本各大卖场都会推"情人节"相关的广告。这种情形在日本由来已久，完全成了季节的风物诗。在日本，情人节表达"爱"的方式也有所不同。2月14日这天，每位心有所属的女生都会变得忙忙碌碌。今天，咱们就来聊一聊日本的情人节吧。

## 日本情人节的由来

　　女生送男生巧克力！在这个惯例背后，有一个堪称广告界天花板的商业推广故事。

　　莫洛佐夫（モロゾフ）于1931年在神户开了第一家巧克力店（Morozoff Limited）。那

个年代，巧克力在日本还非常罕见，莫洛佐夫推出的真正美味的充满高级感的巧克力，对当时的人来说，就像礼服、宝石等奢侈品一样，是令人心动的存在。

第二年，莫洛佐夫在日本的一份英文杂志上登载了巧克力广告，宣传口号是"一年一次，女性可以倾诉爱情的一天"，极力推荐女性将巧克力作为表白时送给男性的礼物。据说这款巧克力造型和味道都很不错，虽然在当时并没有引起很大的反响，却第一次将情人节和巧克力联系在一起，引导日本女性以巧克力作为向男性表达爱意的单向礼物。

"情人节"这个词在日本普及是在 1956 年。"赠送巧克力"成为日本独特文化的原因有很多。1958 年，大田区制菓株式会社メリーチョコレートカムパニー也开始了宣传活动。该公司以"爱 TA 就送 TA 巧克力吧"，配合情人节宣传巧克力。这些商业推广，催生了今天的"女生送巧克力表达爱意"的情人节文化，让巧克力与情人节的关系更密切。所以也有人说日本的情人节是出于商业目的被推广起来的，并不是像其他国家一样是作为"恋人们的节日"开始的。

## 日本人表白时会说什么？

日本大文豪夏目漱石在教英文时说到"I love you"该

如何翻译时，认为译作「月がきれいですね」（今晚的月色真美）就足够了。因为有你，所以月色格外美丽。这大概就是日本人的含蓄表达。很多事情不需要明说，但从细处却可以感受到对方的心意。

## 巧克力的种种

一提到日本的情人节，一般都是"女生送男生，作为表白爱意或表示感谢之情赠送巧克力"。因为每年的情人节，正是她们向心中默默喜欢的男生表达心意的好时机。在这一天她们会为心爱的男生送上专属巧克力表达爱意。这彻底改变了国外的风俗，成了日本独特的风俗。现在情人节巧克力有各种各样的叫法，由此可见日本人特有的"爱"的方式。

1980年代以后，在日本，情人节可不是年轻情侣专享的节日，而是一场全国女性的狂欢，从幼儿园的小宝宝到白发苍苍的老奶奶，都是这场狂欢的参与者。

◆ 本命チョコ／本チョコ（本命巧克力）

送给有情人的特殊巧克力叫作"本命巧克力"，也是爱情的象征。如果有心仪的人，想表白就要认真准备特别的巧克力送给男生。通常，日本女生会在情人节前几天就开始做准备工作，有的人将材料买回家自己动手，有的则通过专门的手作商店，来制作自己的专属巧克力，并且精心地包装起来，有时还会夹带着一些卡片和写满心意的纸条，只等着情

人节这一天鼓足勇气送出去。

女生送男生巧克力，代表着有好感。随着社会的发展，日本女生的社会地位也逐渐提高，恋爱也可以自由了，拥有了更多的自主权。情人节女生主动送巧克力就是在表达爱意，勇敢地追求真爱。在情人节，若是一个男生送女生巧克力，会被认为是一件非常奇怪的事情。在日本情人节，你看到的都是女生送男生礼物。

◆ 義理チョコ／世話チョコ／社交（シャコ）チョコ（义理巧克力，社交巧克力）

送给平时关照自己的人、朋友、熟人、同事和顾客，表示感谢和关怀，加深感情，也可以说是友情巧克力。在情人节里，女生送巧克力的对象不一定非要是情人，也可以是朋友、同事、上司或者是客户。给朋友、同事送巧克力，代表着送祝福送温暖，给上司送巧克力，是为了向上司示好。友情巧克力和爱情巧克力的不同之处在于：友情巧克力可以在商场里购买，不像爱情巧克力，需要亲手制作。每到情人节，女性要花费很多钱来买礼物。在日本，对于女性来说，找一份工作不容易，为了留住自己的工作，一般都会挑选品牌巧克力送给他人。

◆ 家族チョコ／ファミチョコ（亲情巧克力）

送给家人，意为祝愿他们身体健康，开心快乐。父母是养育自己的人，在自己的成长道路上，付出了很多，在自己长大成人后，有了经济能力，应该在情人节向他们送上自己最真的祝福。

◆ 友チョコ（友情巧克力）

送给女性朋友，作为友情的证明。选一些有名气的品牌巧克力或者手工巧克力等，祝愿好友能顺心顺意。

◆ ご褒美チョコ / 自分チョコ / マイチョコ（奖励巧克力、属于自己的巧克力）

把最想吃的巧克力送给自己，也是对努力的自己的一种奖励。全世界的巧克力大师在日本展开激烈的情人节产品竞争。可不能错过。购买自己喜欢的极品巧克力，享受最幸福的时光。能让自己幸福的人、才能给别人带来幸福，对吗？

◆ 俺チョコ / 逆チョコ（我的巧克力、"逆向巧克力"男生送女生）

这是指男生购买的巧克力。

最近，买自己用的情人节巧克力的男性越来越多了。购买的理由多种多样，有喜欢有吸引力的商品，有喜欢甜食的，也有为了面子的。以前一致认为很奇怪的事情就是男生送巧克力，现在却开始有不少男生会送巧克力给女朋友或朋友，还有人会亲手做巧克力。

由此可见，日本的情人节巧妙地将外国文化进行了日

本式的改编，并将其吸收为本国的文化。巧克力和礼品市场的发展是惊人的，情人节确实提高了女性的恋爱行动力。关爱的对象越来越广泛，也被更多的人接受。

## 白色情人节——男生们的回应日

每年的3月14日被称为白色情人节。这一天，在情人节收到巧克力的男生会向对方回礼。关于它的起源有很多种说法。其中一种说法是这个节日最初起源于日本。当年日本的一家甜品制造商为了促销糖果，发起了"3月14日为糖果赠送日"的宣传。后来因为糖果所用的砂糖是白色的，就称为"白色情人节"。因为送出的礼物代表着自己的回应，所以送什么很重要哦。一般来说，有三种最传统的回应方式。如果男生也心仪对方的话，可以在当天送上糖果，代表"我也喜欢你"。如果想要婉拒对方的话，就可以送上一小包饼干，代表"我们是朋友"。最后，如果很不喜欢对方又能狠下心的话，就可以回送代表厌恶的棉花糖。既然是白色情人节，那就送经典的白色棉花糖不好吗？

### 棉花糖="我讨厌你"
（マシュマロ＝「あなたが嫌いです」）

送棉花糖就等于"我讨厌你"的意思。似乎是因为棉花糖含在嘴里很快就会融化掉，所以被赋予了"无法长久"的意义。

日本情人节传统的由来虽然有点商业化，但正因为有这样一个契机，很多女生会在那一天鼓起勇气向心仪男生表达爱意，这一天撮合了无数的情侣。同时，除了表达爱意，也以情人节为"借口"，向身边的亲朋好友表示感恩。这个情人节，你会为身边的他（她）递上一块巧克力吗？

# 在日本送礼，这些可都是禁忌！

cxy

作者介绍：一个对日本有着浓厚兴趣的斜杠青年

来而不往非礼也，这一观点无论是在中国还是一海之隔的"霓虹国"，都是被广泛认同的。在日本，无论是留学、工作还是定居，送礼物或收礼物的机会会很多。搬家时、升学时、结婚时、入职时及各种节日时……

虽说日本同样崇尚礼轻情意重，送礼讲究的是心意，不在意具体礼物或是其金额。但在日本送礼也是有很多禁忌的，为了避免"送错"产生事倍功半的效果，以下"禁忌"需要在日本的小伙伴们注意。

1. 送新婚夫妇礼物时

（1）通常情况下，同事或是朋友结婚时，直接送礼金的会比较多。切记，金额要避开2万日元及2的倍数。日本民间传言，"2"这个数字很容易导致夫妻关系不好。现在的话，一般礼金金额是3万、5万、7万等。

（2）送"钱"也是有讲究的，不能"裸送"。我们在日本便利店或是超市，都能看到很多精美的信封，这些都是用来送礼装钱的。如果是结婚礼金，纸币有人物的这面要与信封正面吻合，丧事则相反。

（3）结婚礼物如果想选择实物的话，切记不要送刀具或是瓷器等易碎的物品。这些礼物或多或少在日本也被理解成分离、破碎等不好的寓意。

（4）如果是想要给新娘送礼物，一定不要送茶叶。这个与中国的某个说法有些关联，"嫁出去的女儿，泼出去的水"。在日本是"嫁出去的女儿，泼出去的茶"，如果送了茶叶，会被对方误解，以为是不让其回娘家。

2. 送同事/上司、朋友礼物时

（1）朋友开店或是搬家庆祝乔迁之喜时，如果想送鲜

花，要避免红色的花。在日本，红色的花象征着"火"，在送礼物时，与火相关的东西也是禁忌。这或许就是在日本很多店都把星期二（火曜日）作为休息日的原因吧。

（2）送礼物时，除了要避开"火"，与数字4或是9相关的东西或是梳子也要避开。这三个在日语发音中都与"苦""死"等相似，也被日本人认为不吉利。

（3）此外，鞋子或是袜子在日本也是送礼禁忌之一。尤其是对同事或是上司，送鞋子或袜子，会让对方产生你要把人踩在脚下的误解。如果真是这样，那未免也太得不偿失了。本意送礼物想示好，没想到却莫名其妙树了敌。

3.送病人礼物时

（1）通常我们看望病人时，最常见的就是送果篮和鲜花。在日本探望病人时，山茶花或是淡黄色、白色的花都是不可以的。山茶花很容易凋谢，且凋谢时花会全部落下来，送病人这个会让人不悦。至于淡黄色、白色的花，一直以来日本人就不怎么喜欢。

（2）除了花的种类及颜色，送病人花时，带盆的花也是禁忌。带盆的花里面有根，送病人的话，会让人有种"病扎根"的不安感。

**4. 除了礼物的选择，包装礼盒也有很多禁忌**

（1）日本人大多信奉佛教、神教，在颜色方面，尽量避开黑白色、紫色、绿色、红色等这些寓意不详的颜色。所以通常日本人都会选择花色，尤其是日本的时令花。

（2）捆绑礼物的绳子也是十分讲究的。不仅要选择硬纸绳，数量上也有特殊要求，一般是5根一组，也有7根或9根的时候。总之，要避开偶数根数。因为在日本，偶数是阴数，代表着凶，而奇数是阳数，代表着吉。

以上介绍了几个常见的送礼禁忌，大家会不会突然间感觉送礼好难呢？其实，每个国家都有自己的文化及风俗，我们在当地生活或工作，要做到"入乡随俗"。如果觉得送礼难，那么记住日本人喜欢的图案是松、竹、梅、乌龟、浮世绘、武士、相扑力士寓意吉祥的形象等，这些准错不了。

# 你不知道的日本素面进化史

Jully

随着天气一天比一天炎热，人也变得慵懒，越来越没有食欲，这时候就让我想到了一款日本传统料理——素面（そうめん）。

素面，在日本由来已久，单单看着就舒爽无比，让人食欲大开，是夏季必吃美食，非常受欢迎。可以说，素面是仅次于拉面、乌冬面的传统食物，也是超市里常年从未断过货的食物。夏天最受大人和小孩子欢迎的竹筒流水面，说的就是它。但你们知道素面是怎么来的吗？

说到素面起源，要追溯到1 200多年前，且与中国息息相关。奈良时代，遣唐使将大唐的小麦栽培和制粉技术传到了日本，从此，日本开始了小麦种植。中国大陆的面食文化由来已久，有一种公认的说法称，素面的原形是平

安时代中期从大唐传入日本的一种叫"索饼"（现代日语叫
「麦縄」，就是我们常吃的油条，但个人觉得更像麻花）的唐
果子，经过材料比例及形状大小的调整演变而来，其名称也
从索饼、索面等慢慢变成了素面。

　　索饼是一种加盐制成的干面，保质期很长，是很好的
储存食物。它的到来大大缓解了日本稻米无收造成的大饥荒
问题，在古代日本的宫廷中占有非常高的地位，是各大仪式
和宴会时必不可少之物，时至今日仍然作为神食被供奉在神
社神龛前。日本皇室一直按照古例仍沿用"索饼"一词，还
保留着每年七夕祭祀当天吃索饼的习惯。

　　民间还有一个神话传说。在一千两百多年前，日本最
古老的神社——三轮山大神神社的住持，应当地三轮族族长
的请求，为拯救遭受饥荒和疫病困苦的百姓而设堂祈福时，
得到神的指引，在肥沃的三轮之地上撒下小麦，用水车带动
石磨将小麦碾成粉，用泉水将粉揉搓拉伸成一条条细长的丝
状物，于是有了现在的素面。因此三轮之地，也就是现在的
奈良县樱井市，被称为素面的发源地，大神神社的神也被视
为素面业的守护神。

　　此后，随着寺庙神社参拜者们的来来往往，三轮素面
的美味也随之美名远播，它的制法也传到了播州（现兵库
县）、小豆岛（四国）、岛原（长崎）等地，并大量生产，但
这并不影响三轮素面是日本素面始祖的地位，在江户时代的
《日本山海名物图鉴》中就有"三轮素面是日本第一"的记

载。且只有奈良产的素面才叫三轮素面，其他地方产的都只能叫素面。

三轮素面自古就有"皇室贡品"的美誉，至今仍有被进贡的惯例。每年5月，奈良的三轮素面工业协会都会将最高级的三轮素面献给以天皇天后为首的皇室各宫，以供七夕祭祀之用。

而作为高级品的三轮素面，在每一盒素面上都会印上奈良县三轮素面工业协会的金牌标志，每年夏天人们在想送什么作为中元节礼时，奈良人就会毫不犹豫地选金牌标志的三轮素面，这是一种品质保障，也是一种骄傲吧。

随着技术的发展，三轮素面也不再是一成不变的白，从传统的米麦调和中不断创新，研制出了多种口味，如添加了酸梅成分的粉素面、柠檬的黄素面、紫薯的紫素面、青叶的绿素面等等，素面变得不仅好吃，还更加地赏心悦目。当然素面也不仅限于夏季凉食，还有热乎汤面的吃法，叫「煮麺（にゅうめん）」。在日本，「煮麺」便是指热乎乎的带汤素面了。

在素面的发源地樱井，还有一家三百年的老店，叫三轮山本，在这里不仅可以品尝到多种口味的素面，还可以参观素面的制作车间，体验手工拉伸素面等活动。如果你去奈良游玩，一定要品尝一下当地的三轮素面！如果你去素面发源地的樱井游玩，一定要去品尝一下最高级最丝滑的三轮素面，体验一下日本素面是如何制作的，这一定会让你不虚此行！

# 寿司的定义与历史

Simple

寿司可以说已经成为日本文化的代名词了。以世界性的日本料理热潮为背景，以寿司店为代表的日本料理店数量在全世界已经超过15万家。话虽如此，即使是日本人，知道寿司的定义和历史的人也不多。在这篇文章中，会介绍寿司的定义、种类、起源以及吃寿司时的礼仪。

## 寿司的定义和代表性种类

一般来说，将米饭（醋饭）和食材（主要是鱼贝类）组合而成的和食称为寿司。除了新鲜的鱼贝类以外，也有以肉、蔬菜、鸡蛋等作为食材的情况。虽说都统称为寿司，但种类是多种多样的，海外的加利福尼亚卷就是一个很好的例子。根据地域和店铺的不同，使用的食材和叫法也不同。寿司的种类中，以下几种算是主流。

握寿司（握り寿司）

寿司卷（巻き寿司）

箱寿司（押し寿司）

散寿司（ちらし寿司）

棒寿司（棒寿司）

稲荷寿司（いなり寿司）

手卷寿司（手巻き寿司）

军舰（軍艦）

## "すし"有代表性的3种表记

"すし"除了"寿司"这种表记方法以外，也有写为"鲊"或"鮨"的。

寿司：是现代最主要的写法，是江户时代为了吉利而借用的字，由于与食材种类无关，所以现在是最通用的表记。

鲊：在3种中，最古老的表记是"鲊"。原来意为发酵制作的寿司，继承了"酸（＝酸）"这个寿司的词源。

"鮓"：排在"鮨"之后的表记，多用于江户时代前的寿司。

## 寿司的历史

1. 寿司的起源是东南亚一种叫作熟寿司的发酵食品

实际上，寿司的发祥地不是日本，而是东南亚。当时居住在山岳地带的人们为了长期保存很难买到的鱼，制作出一种叫作"熟寿司"的发酵食品，这被称为寿司的起源。在

日本，奈良时代被作为贡品向朝廷进贡的叫熟鲊。在现代的寿司和箱寿司中，能看到当年寿司的影子。

2. 接近现代风格的寿司起源于江户时代

在米醋普及的江户时代中期，诞生了不需要发酵的"早寿司"。这是一个不用等就能马上吃到的寿司。到了江户时代后期，虽然出现了握寿司，但是因为和饭团差不多大，所以可以切开吃。一盘放两贯寿司的现代风格，就是从那时候开始形成的。

3. 明治时代以后开始使用生鱼片作为素材

制冰产业盛行的明治三十年（1897）以后，随着捕鱼法和交通运输的发展，之前不能处理生鱼片的寿司店也可以用冰冷却保存食材。在现代，一般将酱油涂在食材上的方法就是在这个时代确立的风格。时代在前进，大正时代（1912～1926）初期，寿司店出现了电冰箱，食材的种类也在不断增加，寿司尺寸也变小了。之后，受1923年关东大地震的影响，寿司师傅分散到全国各地，江户寿司也在日本各地推广开来。

4. 昭和时代门槛一度变高，但回转寿司的登场打破了此现象

寿司虽然取得了顺利的发展，但进入昭和时代（1926～1989）后情况又发生了很大变化。到了经济高速增长期（1954～1974），由于重视卫生等理由，作为主流的小摊上的寿司店被废弃了。但是，昭和三十三年（1958），首

家回转寿司在大阪开业后，寿司再次恢复了作为平民食物的地位。

## 吃寿司时的礼仪

### 1. 试着和寿司手艺人搭话

去和寿司师傅距离很近的寿司店的时候，可以尝试和他们搭话。可能觉得这样的搭话有点难度，但可以通过交流知道当天的推荐菜品，也可以向师傅传达自己的喜好和过敏的食物，这样可以更好地享受到美味的寿司。寿司师傅一直给人一种沉默寡言的印象，但意外地喜欢说话的人也很多，鼓起勇气挑战一下也是一种好的经历。

2. 握寿司不是用筷子吃而是用手吃

现在在日本用筷子吃寿司的情景很普遍。当然，吃法是个人的喜好，如果不讨厌的话，请直接拿在手上品尝。如果不小心用力用筷子夹的话，寿司就会变形，也就错过了第一时刻享受美味的机会。

3. 手握寿司要一口吃掉

一般来说，寿司都是根据一口吃这种吃法来调味的。有的寿司师傅也会根据客人的要求去改变寿司的大小。

4.酱油不是放在米饭上，而是放在食材上

若是在现场做寿司的寿司店，寿司师傅有时也会在食材上涂上酱汁提供给客人。这是为了防止在米饭上蘸酱油而引起浓重的酱油味，或引起寿司变形。因为这样的理由，吃寿司时只在食材上蘸酱油也成了礼仪。

（本篇文章图片源自pixabay正版图片）

# 樱时花吹雪：日本樱文化的由来

吹雪

又到了樱花季，在中日两国人都忙着赏樱的时候，我们不禁要问日本樱文化从何而来？又是如何发展到今天的？本文就从中国的历史典籍中解答这个疑惑。

首先，日本汉字中的"樱"指的是樱花，而中国汉字的"樱"所代表的范围更广，楔、樱桃、樱桃花、樱花等都被以"樱"来称呼。

在《汉书·艺文志·尔雅·释木》中，樱桃花就被称为"楔，荆桃"。另外在差不多同一时代的《礼记·月令·仲夏之月》中也有记载："农乃登黍是月也。天子乃以雏尝黍。羞以含桃。先荐寝庙。"

　　另外《史记》与《吕氏春秋》中都对樱桃花有记载。最晚于汉代，"樱桃"已经是进献给神灵与祖先的贡品。

　　而樱花最早的记载则出现在晋代《蜀都赋》中："朱樱春熟，素柰夏成。"到了南北朝时期，刘宋的王僧达（东晋王氏的后人）曾有诗："初樱动时艳，擅藻灼辉芳，细叶未开蕾，红花已发光。"南梁沈约的《早发定山》中也有这样的诗句："野棠开未落，山樱发欲然。"

　　虽然写出这样诗句的是达官贵族，但也由此可见，古籍中最早表达在春天赏樱时的喜悦心情的文献，在两晋南北

朝时就已经出现了。

到了唐代，华夏文明迎来了历史的高峰期。此阶段民间对于樱花的记载已经数不胜数。比如贫农出身的李商隐在写有这样的诗句："樱花烂漫几多时，柳绿桃红两未知。"

白居易、杜甫、李白等都为樱花写下了赞美的诗句。更值得一提的是，整个唐代关于樱花的诗句多达百余首。这也使得樱花的普及从唐代开始就从宫廷扩展到了民间。由此，日本派去唐朝的遣唐使也自然地将樱花移植到了日本。

那么樱花在日本是怎样的一种存在呢？

日本最出名的樱花专著《樱大鉴》里记载，樱花原产自中国，但是并未对何时传入做详细的记载。在日本古籍《古事记》中有一个叫"木花开耶姬"的神女，这位神女也就是樱花女神的化身，第一颗樱花的种子就是木花开耶姬撒在富士山上的。

这种带有神话色彩的故事毕竟不能当作真正的历史。在日本最早关于樱花的记载里可以发现，樱花在刚从唐代传入日本的时候，并未在贵族和民众之中流行开来。尤其是在奈良时代，日本人所做的汉诗与和歌中咏的最多的是梅花。以《万叶集》为例，其中以樱花为题材的诗词数量只有41首，远远少于咏梅诗的118首。

但是到了7世纪，由于持统天皇非常喜爱樱花，曾多次到奈良的吉野山赏樱，所以便将由唐朝引进的"天长节"（原是为李隆基的诞辰所定的千秋节）定为赏花日。而后的宇多天皇时期，在一次宫廷聚会中，天皇之弟贞保亲王向天皇献上一幅赏樱的屏风。自此赏樱便在皇室贵族间流行开来。

　　樱花真正普及到民间，是从嵯峨天皇的平安时代开始的。嵯峨天皇在位期间，曾在平安京神泉苑（今京都市中京区御池通神泉苑町）举行了第一次赏樱会。此后樱花逐渐取代梅花成为日本贵族阶级的"新宠"。同时赏花活动也开始在贵族之间普及。

　　到了913年，日本文学史上的重要作品《古今和歌集》编修完成。其中咏樱的和歌数量达到了56首，遥遥领先于别的植物种，此举也标志着樱花成为当时和歌的主要创作意象。此后关于樱花的记载文献开始逐步增多。尤其是到了武士时代以后，樱花终于有了成为日本国花的条件。

　　武士道有一个宗旨——"藐视死亡"，其核心思想就是不对生命有眷恋，因此樱花短暂的花期不仅成了武士阶级的寄情之物，更代表了武士对生命的态度。

　　丰臣秀吉在1598年3月15日，在醍醐寺（京都市伏见区）举办了名为"醍醐赏花"的豪华赏樱会。参加此次赏樱会的日本大名（大名相当于中国古代的诸侯）皆为樱花的美景所倾倒，此后樱花便在各大名领地开始种植并快速推广到全日本。"花见"便成了全日本的习俗并且被保留至今。

　　江户时代在结束了战乱无休无止的战国时代之后，日本各个社会阶层开始重组。尤其是德川家康重建浅草寺（建于推古天皇三十六年，公元628年），在寺里设了一块"樱花如云钟声响，野浅草何外来"的牌匾之后，浅草寺便成了东京著名的赏樱地。

也就在这一历史机遇下，居住在城下町的平民成为社会的主流。此后的日本人对樱花的热爱，已经不再只局限于朝廷与幕府，而是在全民之间开始流行。

但是在明治维新后，樱花却成了"军国主义"的利用工具。日本军人的军装上被大量配上了樱花的图案。所幸这样的情况并没有维持太久。和平的年代到来之后，日本民众

重新恢复了对樱花的认知。而且樱花还是中日关系正常化的"见证"：1972年日本前首相田中角荣就曾经将樱花作为"建交礼"带到了中国。

时至今日，日本人对樱花的钟爱更是有过之而无不及。樱花一年只开7～14天，所以，樱花季对日本人来说，也是"活在当下珍惜眼前"的人生哲学。正是基于这样的国民性，日本人总是一年又一年地期待着樱花季的到来。日本气象局甚至还会在每年2月底或3月初提前公布全国各地的樱花开花日期，也就是俗称的"樱前线"。

日本人赏樱的方式和祭典也是五花八门：有人喜爱看樱花开满山野，有人却爱看单株樱花开在家中的庭院；有人每年都会挑选风和日丽的日子和家人、朋友、恋人同赏，有人却喜欢孤寂一人去看夜光下的诗情画意。

在樱时花吹雪的美景下，对樱花的喜爱相信会成为两国人们共同的文化爱好。

（本篇文章图片源自pixabay正版图片）

# 日本生活小故事

# 冲绳记忆

2009年4月，我以交换生的身份，初到冲绳。未能想到的是这一停留就是8年的光阴。

## 初到冲绳

第一次坐飞机，抵达那霸机场准备通关。海关人员要求提供留学证件，没有经验的我把证件都放在了托运的行李中。现场真是既紧张又着急，最为尴尬的是我当时根本无法听懂正宗的日语。好不容易弄明白了工作人员的真正意图，可我怎么也没办法准确流畅地表达出一句"我的证件都在托运行李中"……情急之下我颤抖地指着传输带上的行李箱，"那个，那个"，大家总算清楚了……找到通知书，终于完成了通关。

　　走出抵达出口的那一刻，我暗暗下定决心：一定要学会地道的口语！现在回过头看，学一门语言，就要到那个母语的国家生活才会突飞猛进。前段时间在上海徐家汇一家日料店与日本厨师交谈时，他说，你的日语好地道！我心里不禁窃喜，感恩那几年的游子生活⋯⋯

　　在期待与不安中，我开启了新的征程。小巧但整洁的马路、盒子似的小轿车、人潮拥挤但出奇安静的步行街、礼貌节制的人们⋯⋯很快我被缤纷多彩的生活完全迷住，一开

▼ 南城市的和平纪念公园

始甚至有些眼花缭乱，目不暇接。

## 留学生活

我所在的琉球大学，每天下午三点一过，各种"部活"便活跃起来：足球部、体操部、古典舞蹈部、冲绳特有的"サンシン（三味线，日本的一种弦乐器）"部等等，好不热闹。我也参加了巴西同学组织的莎莎舞社团，从此一发不可收拾地爱上了跳舞。好朋友Jutta（德国），也结缘于舞蹈社团。与她的互动一直贯穿于整个日本生活，到后来读研，再后来在银行工作，都常常与她互诉衷肠，感情、工作、生活……我们在方方面面都很有共鸣。我们还会一起爬山，一起做饭，一起旅行等。在异国他乡交到的朋友，值得一生珍惜。

所以，创造条件走出去吧，看不同的风景，认识不同的人，视野才能打开，人生之路才会开阔，说不定还能找到心仪的另一半呢。

琉球大学校园在全日本也是有名的大而美。学校正中间有个小湖，环绕校园的跑道两旁绿树葱葱，早晚沿着散步也好不浪漫。每位留学生都被安排一名生活辅导员，协助办居住证、银行开户等各种事务，在她的帮助下，能够非常顺利安心地度过适应期。

► （Jutta和我在久米岛旅行）

▲ 莎莎舞俱乐部初次登台表演

▲ 美丽的琉球大学校园

除了日常的语言学习外，体验风土人情才是我最喜欢的。

文化课上看了电影《泪光闪闪》（涙そうそう），才第一次听到「なだそうそう」，也才知道歌手夏川里美（夏川りみ）的故乡就是冲绳。有名的插曲《三味线之花》（三線の花）的表演者BEGIN也深受冲绳人民的喜爱和追捧。

电影鉴赏课上，第一次听到《甘蔗地之歌》（さとうきび畑の唄）莫名其妙地眼泪直流。这首歌直击人心最深处，就仿佛电影里经历二战的冲绳人民对战争的憎恶、对和平的苦苦祈求一般……

冲绳人吃苦耐劳，热情好客。大多数当地人都会认为，我们几百年前曾是一家人。现在还保留在那霸市中心、绿树环绕的"福州圆"，就是为了纪念当年从福州迁徙过去的人们。

可惜，曾被认为与中国皇宫如出一辙的冲绳人民的骄傲——首里城，在2019年的一场大火中被全部烧毁，实在是令人心痛不已。

▲ 被烧毁前的首里城

## 冲绳印记

　　岛上一年只有两个季节，夏季和冬季。尤其夏季差不多从3月底开始一直延续到11月上旬，所以适合度假的时间很长。可以夏天去潜水看烟花，也可在寒冷的冬季感受岛上的太阳浴。

　　冲绳岛因为自然风光无限好，也被称作"亚洲夏威夷"。近年来游客人数直线上升（从2016年左右起，入冲绳观光客人数一路上涨，2019年竟突破1 000万人，冲绳本地常住人口才不足140万人）。而当地政府更是为了促进旅游经济，

专门开通了"数次签证":只要是入日本的第一站经由冲绳的游客,都可获得三年的多次往返旅游签证。现在这个政策还是有效实施中,大家可以去享受阳光海滩。

▼ 那霸的牧志市场

# 打卡京都猫猫寺——爱猫人士乐不思蜀之地

Jully

猫站长，相信大家都听说过，前几年日本的某车站任命一只猫咪为站长，红极一时，吸引了很多爱猫人士前去打卡拍照留念，但猫住持你听说过吗？

在京都市左京区，有一座猫猫寺（にゃんにゃんじ），住持就是一只猫咪，从2016年9月开始，至今已经任命了7代猫住持……

猫猫寺，全称为"招喜猫宗总本山猫猫寺"，山号"龙猫山"，供奉"大日猫来"，这样一套下来是不是特别像那么回事儿？不说的话，还真以为是个特别的寺庙呢（大笑）！其实它是一座以猫咪为主题的另类美术馆，馆主是一位从事文化遗产佛像和壁画修复工作的绘画师，名叫"加悦彻"，是个彻头彻尾的铲屎官。他因为羡慕猫猫自由的生

活方式，本着"想像猫一样自由""给大家带来快乐""让大家都能感到幸福"的理念，偕同爱猫的家人和朋友一起于2016年将一栋百年老宅改造成了寺庙风格的猫咪美术馆，主殿内的"大日猫来"像和两边神气的猫观音、猫不动明王，都是出自他手，尤其是大日猫来像，无论你从那个角度看它，都好像它在看你，这被叫作"22方视猫眼"，堪称一绝！

▼（猫猫寺外观 猫绘马和猫门神）

　　整个猫猫寺，无论从外到内，还是从左到右，几乎每个角落都充满了猫元素，以及人们对猫咪的满满的爱，一进去没几个小时是出不来的，绝对是爱猫人士的乐园！

　　猫咪杂货，各种猫咪图案布艺和饰品出自爱猫手工艺者，猫咪羊毛毡艺品来自针刺羊毛毡大师加悦顺子（馆主的妻子）之手，因为太过逼真，乍一看大家都以为是真猫蹲坐在猫篮里……

　　大师还会不定期开手工艺教室，亲自教授毛毡技法，也接收照片定制爱宠羊毛毡艺品。

　　22只招福猫门扉画，出自天才小画家、馆主儿子加悦雅乃之手，这是史上年龄最小的获奖画家。

　　馆内还有很多加悦雅乃从11岁以来创作的作品，简直亮瞎人的眼睛，不敢相信那是11岁孩子画的！他的作品曾在法国巴黎的秋季沙龙（Salon d'Automne）展出过，据说还有很多海内外的粉丝慕名而来，欣赏购买他的作品……

　　百来平方米的老宅，被加悦大师一家和爱猫人士们装点得满满当当，无一不精致，无一不有趣，无一不匠心独特。这样的猫猫寺，你想去看吗？

猫猫寺（にゃんにゃんじ）基本信息

地　　址：京都市左京区八瀬近衛町520

交　　通："神子ヶ渕"巴士站下车步行3分钟

电　　话：075-746-2216

营业时间：平日11：00～17：00（周末节假日18：00）

休馆日：周二

# 在金泽留学时打两份工是怎样的体验？

Candice

我在20岁那年，第一次出国来到日本金泽市攻读本科双学位。最初我的日语水平还不够，不能完全适应全日文授课和当地生活。某天坐公交时，没听懂司机解释如何在车上用现

金充值公交卡，对方一句"好好学日语再来日本"让我深感刺激，下定决心打工，提升日语水平。

第一份兼职是在一家药妆店，我主要负责门店的收银和销售。最开始，有本地人来购物时看到我名牌上的中国姓氏会露出不悦的表情，甚至直接对我进行攻击。我会觉得委屈，但是我告诉自己，金泽还不算一个特别开放、与国际接轨的城市，我要用"兼容并蓄"的精神看待和包容各种文化的差异与冲击。但店里的同事们都对我很友善，仍记得店长细致地为我讲解药品和护肤品的知识，帮我记住各种成分的片假名；同事也尽量帮助和包容我，在我离职的时候所有人都为我准备了卡片和礼物。现在想起这一段异国他乡的经历，依然觉得很温暖。

当逐步适应药妆店的工作后，我开始同时在百货公司兼职，接待来金泽的游客，介绍及销售日本酒与和果子。从最开始磕磕绊绊到自信流利地给客户介绍不同的商品，帮助搭配和打包精致的和果子与酒的礼盒，让我很有成就感。打工的经历让我以留学生的角度，从各种细微之处观察日本的社会和生活。我在被日本人做事认真到极致、永远把客户的心情和想法放在第一位的工作精神所感动的同时，也感受到没有重视创新、"从众"的思维方式。

对留学生来说，打工的性价比还是较高的，一小时的平均工资大约为900日元（约人民币50元），而食堂的一顿营养搭配均衡的员工套餐大约为500日元（约人民币25元）。自己攒钱能够减轻父母的压力，也给我更多底气购买自己喜欢的东西，还与好友结伴去了很多城市旅行，留下了难忘的回忆。

现在回想起来，打工不仅帮助我提升日语水平，特别是听力和口语，为我后面一次通过CATTI日语二级口译打

下了很好的基础；它还让我获得了独立生活和克服困难的勇气，从"十指不沾阳春水"、遇到事就慌张的"小公主"过渡为自食其力的大人。翻到以前的手账本，看到上面密密麻麻的日程安排，很想对那时的自己说一声感谢。